这是每一位刚入职的员工和大学毕业生应人手一册的读本，也是老员工可以进一步改善和提升自己的著作，同时还是管理者送给所有员工最好的礼物！

做单位最需要的金牌员工

李伟 编著

金牌员工

有选择就有机遇

天津出版传媒集团
天津科学技术出版社

图书在版编目(CIP)数据

做单位最需要的金牌员工/李伟编著. —天津:天津科学技术出版社,2013.4

ISBN 978-7-5308-7810-1

Ⅰ.①做… Ⅱ.①李… Ⅲ.①企业-职工-修养-通俗读物 Ⅳ.①F272.92-49

中国版本图书馆 CIP 数据核字(2013)第 056295 号

责任编辑:王祯 张婧

责任印制:张军利

天津出版传媒集团

天津科学技术出版社

出版人:蔡 颢

天津市西康路 35 号 邮编 300051

电话(022)23332391

网址:www.tjkjcbs.com.cn

新华书店经销

天津泰宇印务有限公司印刷

开本 710×1000 1/16 印张 13.25 字数 200 000

2013 年 4 月第 1 版第 1 次印刷

定价:29.80 元

前　言

任何人，要想成功，都需要一个积累的过程。做好每一件事情就是积累的过程。积累并不是短期的工夫，也不是一个方面的积累，成功需要时间的积累，需要各种技能的积累。

很多人想要成功，但却害怕付出，害怕困苦，他们总是想一蹴而就，不愿意从点滴开始积累。这种思想的生成在很大程度上是因为想要不劳而获，或者是被懒惰吞噬了心灵。物欲横流，很多人不禁心动于名利，于是，就想快速达到自己的目的。为了能享有梦想中的生活，他们要么病急乱投医，采取极端的手段，做一些违法乱纪的勾当；要么只会自己异想天开，只想收获，而拒绝付出，想要得到更多，却不愿意为此努力，不愿意比别人多付出一点，这样一种工作状态，不可能实现自己的愿望。

当我们积累到足够的经验和技能时，也就不用再担心是否会有个光明的前途了。不管是选择更具挑战的职位，还是选择自己当老板，这一切都会因为自己出色的能力和点滴的积累变得容易起来。所以，毫无疑问，积累，能让我们的前途一片光明。

那么，什么样的员工才是最优秀的员工呢？一名优秀的员工应该具备以下十个素质：

1. 会学，会思考；

2. 保持自我；

3. 热情、积极；

4. 有目标；

5. 团结互助；

6. 勤奋、努力；

7. 负责、忠诚；

8. 自信；

9. 肯冒险、能创新；

10. 不放弃、不抛弃。

目 录

第一章 会学,会思考的员工

第二章 保持自我的员工

第三章　热情、积极的员工

第四章　有目标的员工

第五章　具有团队思想的员工

第六章　懂得工作的员工

第七章　踏实、负责、忠诚的员工

第八章　自信的员工

第九章　有冒险、创新精神的员工

第十章　不放弃、不抛弃的员工

第一章 >>>

会学，会思考的员工

独立思考能力是科学研究和创造发明的一项必备的才能。在历史上任何一个较重要的科学上的创造和发明，都是和创造发明者的独立地、深入地看问题的方法分不开的。

——华罗庚

会学，会用

古话说：读万卷书，行万里路。我们每个人都有其局限性，但人却又总是希望能够超越其局限性。读万卷书，是心灵的超越；行万里路，是身体的超越。庄子说到人，称其为生也有涯，而知也无涯。以其有涯之身而求无涯之识，就有难处。读书和行路或许可以在这有涯与无涯之间搭建一座桥梁。或许只有把行路与读书结合起来，我们才会对这个社会、对我们的人生有更好的、更准确的理解。

学习是一种改造思想的行为，但却不是脱离实际，陷入空想。一个人，拥有再高的理想，也必须立足于现实；脱离了现实，只能结出失败的苦果。所以，任何人除了将知识应用于生活之外，还要学会变通。生活总是在变，知识自然也要随之而改变。知识的最终来源就是生活，若脱离了生活，就成了无源之水，无本之木；但知识也要高于生活，只有这样，才会在生活中指导我们的行动。

学习，还能用于自身的改善。有句话叫做“腹有诗书气自华”，是说知识可以改变一个人的气质。我们都有这样的切身体会，一个受过良好教育的人，就算穿得普普通通，也会给人一种不一样的感觉；而一个没有什么修养的人，就算浑身都用黄金包裹起来还是会让人感到鄙陋。有钱有知识，我们称之为富人；有钱没知识，我们称之为暴发户。改革开放后，曾经出现过不少的暴发户，但是如今，这些人却几乎销声匿迹了。暴发户的形成，自然有其历史的原因，他们通常都是胆子很大，敢做别人不敢做的事，所以他们也就在别人还在犹豫之时抓住了机会，让自己也“过一把瘾”。但是，商场竞争就是一个大浪淘沙的过程，他们的胆量可嘉，却知识不足，于是，在“过了一把瘾”之后，也就销声匿迹了。他们的财富也渐渐被那些有头脑的人抢去。所以，现在你几乎再也看不到他们的身影。这，就是知识的力量。知识不仅可以陶冶你的情操，还可以让你经受住任何的考验。

学习是一个漫长而有趣的过程,“前事不忘,后事之师”。所谓“前事”就是我们要学习的对象和内容。如果把“前事”的创造者誉为“巨人”的话,那我们就都是站在巨人肩上的人。当然,“前事”不光是成功的,也有失败的。有时候我们不仅仅要学习别人的胜利成果,还要吸取别人失败的教训,这样就能在此基础上找到问题所在,避免犯同样的错误。换个角度考虑,对于我们来说也是起点的选择,每个人现实的起点并不一致,但是我们的目光不能短视,一定要选择高起点,因为站得高,我们才能看得更远,也就能走得更远。只有保持清醒的头脑,选择好自己的目标,“而今迈步从头越”,才能跨过道道雄关。

人的认知都是会受环境的局限性影响的。人很难超越其所处的环境,所以多见世面,提高自己的认知能力和认知面,才能够迅速地增长才智。

新财富华商富人榜上的辜振甫,年轻时为了增长见识,放弃了豪门的优越生活,隐姓埋名去了日本,在日本公司中从基层干起,潜心学习日本公司的管理经验。学成回国后,将日本公司先进的管理方式引入家族公司,造就了闻名世界的辜氏企业。

作为现代人,信息的快速蔓延和科学技术的高速发展,为我们视野的拓展提供了客观条件,我们可以轻松地从网络上浏览世界各地的信息。而交通的便捷使我们可以更方便迅速地到达世界的每个地方,去感受异地的文化,学习各个地方先进的理念和技术,在借鉴成功人士或者企业的经验、成果上面再创新,找到对自己有用的东西加以吸收,这样,我们就能够利用各种有利条件来实现自己的理想。

卡耐基有一句名言:一个人事业上的成功,只有15%是由于他的专业技术,另外的85%要依靠人际关系和处世技巧。所以我们要将学习的知识有效地运用到生活和实践中去,这样才能发挥学习的效用。

李嘉诚这个名字在华人里面几乎无人不知、无人不晓。作为华人中的巨富,他有着传奇般的经历。他之所以能够成功,自然有其性格上值得我们借鉴的许多优势,但我们最应该学习的还是他对知识的那种态度。李嘉诚曾经说过,不会学习的人就不会成功。他一直都很尊重知识,直到现在,他虽已有了万贯家产,但仍然坚持不懈地学习,如饥似渴地吸收各种各样的知识。

翻开名人录,“尊重知识”几乎是所有成功人士的共性。是的,你可以鄙视一切，但你绝不能鄙视知识。任何不尊重知识的人必定会被生活抛弃。但是，衡量知识的标准并不是学历，而是学识。就像比尔·盖茨，年轻时没有任何大学的毕业证书，但又有哪个人敢说他没有知识呢？我们也见过不少高学历的人，但是做起事来却没有任何的创新，只是教条主义，生搬硬套书本上的知识，一说起理论来便长篇大论，比什么人都博学，但一做起事情来，却是最没有水平。知识不是印在书本上的那些黑字，而是存储在我们头脑中的信息。知识也只有和实践相结合，才能发挥出它的最大功效。

所以，一个会学的人，还要会用，只有将你的知识和智慧与行动结合起来，那么，你才能创造出辉煌的业绩。

启示语：

知识就是力量。一个人只要有了知识，就具备了追求成功的第一要素。当然，读万卷书，行万里路，我们不但要注重书本中的知识，还应该注重生活中知识与细节的积累。

知识决定一个人的命运

知识决定命运，一方面是指知识本身所具有的巨大作用；另一方面，知识能够重塑人的性格，通过学习造就成功的人生。

歌德曾经说过："人不只是生来就拥有一切的，而是靠他从学习中所得到的一切来造就自己。"

1984 年，美国最具权威、最有影响力的金融经济报纸《华尔街日报》报道，美籍华人蔡志勇被任命为美国制罐公司的主管人和主席。1985 年《财富》选出的美国 500 家最大工业公司之中，蔡志勇的美国制罐公司排名第 124 位，蔡志勇在华尔街的地位，显然是毋庸置疑的。

在美国商场上，是否精通经营管理，是事业成败的关键所在，而蔡志勇正是拥有高学历又有生意头脑的一流商业人才。他在"忠诚"管理及研究公司工作的 6 年时间里，使这家公司经营的互惠基金业务的收益，以每年 15% 的速度增长，因而在同行业中的知名度大增，他被誉为"拥有点石成金术的人"。1985 年，蔡志勇将他拥有的公司股票卖回给公司，创立了他自己经营的互惠基金业的蔡氏经营与研究公司，奠定了自己在美国金融界崛起的基础。

蔡志勇的创富经历绝非侥幸，可以说他所取得的点点滴滴都是靠"知识"挣回来的。这位在华尔街打拼了几十年，拥有 4 亿美金身价的"金融魔术师"从小就深受父亲的影响，父亲的言传身教，令他从少年时代就有了强大的创富欲望，从而在日常的点滴中刻意地注意学习和积累。

对于知识改变命运这一说法，我国古代、现代的许多学者，也有过许多明确而精彩的论述。

西汉杨雄认为："学者，所以修性也。视、听、言、貌、思，性所有也。学则正，否则邪。"

曾国藩曾说过："人之气质，由于天生，本难改变，惟读书学习可以改变人。"

培根在《论读书》中论述："读史使人明智，读诗使人聪慧，演算使人精密，哲理使人深刻，伦理学使人有修养，逻辑修辞使人善辩。"

当然了，与爱学习相反的，那些不读书、不求知、不上进的人，他们的生活将会是怎样的呢？林语堂先生在《读书的艺术》里就有这样的一段论述："那些没有养成读书习惯的人，以时间和空间而言，是受着他眼前的世界所禁锢的。他的生活是机械化的、刻板的；他只跟几个朋友和相识者接触谈话，他只看见他周遭所发生的一些事情。他在这个监狱里是逃不出去的。可是，当他拾起一本书的时候，情况就大不一样了。他立刻走进一个不同的世界。如果是一本好书，他便立刻接触到一个世界上最健谈的人。这个谈话者引导他前进，带他到一个不同的国度或不同的时代，或者对他发泄一些私人的悔恨，或者跟他讨论一些他从来不知道的学问或生活问题。"

从这些话中，不难看出，学习对人生的重要性。

美国的爱迪生说道："知识仅次于美德，它可以使人真正地、实实在在地胜过他人。"那么你是否会意识到，假如没有知识（包括资讯、心态、目标等）的准备，你将不会找到什么，也不可能碰到什么。知识的准备和积累，不仅仅是书本知识，而应该是广义的知识。

按墨家的说法，知识大概有三种：一是亲知，二是闻知，三是说知。亲知是亲身体会得来的，即从实践中、从"行"中得来的；闻知是从旁人那儿得来的，或由师友口传，或由书本及其他传媒传得来的；说知是推想出来的知识，是新创的知识。从这个意义上说，调整心态、明确目标、采取行动的过程，实质上也就是一个求知创新的过程。

一个人不能为读书而读书，读书的最终目的是为了实际生活中的应用。生活中有不少人也经常在读书，甚至有的还自认为是博览群书，但是他们却没能将所学的知识活学活用，尤其是在商品经济的大潮中，这群平时不注意接近现实，对外界知之甚少或者完全不知的人，书读了和没读也没有太大的区别，其结果甚至有的还带来了害处。

学习就是创新。在学习中创新，在创新中学习，学习创新，创新学习，循环往复，不断进步。一如苏联科学家齐奥尔科夫斯基所言："我在发明创造中学习。"因此，广义地说，学习是创新的唯一捷径，也是成功的唯一捷径。成功无止境，创新无尽时，学习无绝期。

启示语：

成功的人生应该像河流，前方无论多少艰难险阻。都必须矢志不渝，不断吸纳，不断积累，不断准备。最终会厚积而薄发汇成大海的。

从现在开始思考

有一本叫《邮差弗雷德》的书，书中所描述的弗雷德是一个主动工作的人。邮差的主要工作就是把邮件送到收件人手里，这是每一个邮差都能做到的，但是，弗雷德却不一样，他主动思考自己的工作应该怎样改进。他了解了收件人的各种情况，比如经常出差的收件人就可能因为没在家而没有及时接收邮件而导致丢失邮件，征得收件人同意后，弗雷德便在收件人不在家时妥善地替他们保管邮件。

虽然这样的想法看起来并无什么特别之处，好像人人都能想得到，但是不同之处在于，弗雷德主动去想了，也主动去做了，因此弗雷德得到了人们的尊重。

对于这方面的故事还有很多，这些故事告诉我们两个方面：其一，只要自己主动去思考，就能找到很多使工作质量提高的方法；其二，尽管一些问题的答案看似很简单，但需要主动关注。

所以，想要让自己的能力得到提升，主动思考工作中的每一个细节是极其必要的，主动解决工作中的难题，不要把问题推给老板。尽管老板也有解决问题的责任，但是，想想看，如果自己能够主动解决问题，自己的价值也就会因此而体现出来。

生活当中，有很多人只有当问题摆在面前了，才会思考如何去解决，这正是他们和成功者不一样的地方。所以，在做任何事之前，都应该主动思考这件事应该如何做，其中会出现一些什么样的问题，这样不仅可以帮助你用最快的速度完成，还是你成功不可缺少的一个关键。

洛克·菲勒从一个水泥工成为著名的石油大王，并不是一蹴而就的，毫无疑问，这和他主动工作的意识是分不开的，不放过主动寻找解决问题的机会，自然就会收获更多。

洛克·菲勒年轻的时候没有什么特殊的技能，只是在一家石油公司里给人做一些事务性的工作，任务是检查石油罐的焊接口是否完好。因为焊接工作是自动操作，所以，为了安全起见，检查是一项必不可少的程序。在石油公司里，很多员工都认为这是一项既没有技术，又极其枯燥和乏味的工作，洛克·菲勒也因此常常遭到同事们的嘲笑。

有一天，刚被同事取笑后的洛克·菲勒终于忍耐不住，找到主管要求调换工作岗位，可是，主管拒绝了他。洛克·菲勒只好又回到自己的工作岗位上，每天看着焊接剂滴在罐盖上，然后检查是否焊接完好，再看着焊接好的罐盖顺利运走。

在那一段时间里，洛克·菲勒的心情非常不好，总是在想自己为什么会做这样一份没有前途的工作。随着时间的流逝，洛克·菲勒转变了自己的工作态度。他想：既然无法调换工作岗位，那么与其每天愁眉苦脸地面对工作，不如踏踏实实把这件工作做好。

由于洛克·菲勒对工作态度的转变，他开始细心、认真地对待起自己的工作。他不仅更加仔细地检查罐盖的焊接是否完好，还发现每 39 滴焊接液就能焊接好一个罐盖，但是，根据周密的计算，他得出一个结论：只需要 38 滴焊接液就能把罐盖焊接完好。

于是，他把这个发现报告给主管，在经过反复地测试和实验后，证明了他是正确的。也正是洛克·菲勒的细心使得公司每年都能节省一部分资金。也正是这样一个小小的发现，他不仅薪水得到提升，而且受到了主管的重视。

事实一般都是这样的，只要我们主动去思考工作中任何一个小细节，想想自己是否能有更好的方法解决问题，很多奇迹就在自己的主动工作中诞生了。

启示语：

正确的思考是一种对人生意义的解读，是一种对岁月的感受。成与败、勤与惰、舍与得、爱与恨、喜与悲、名与利等等，都是我们思考的主题。如果我们能领悟到隐藏在其中的人生真谛，那么我们将活得更加自信，更加精彩。

培养自己的创新能力

每个人的能力几乎都没有限制。当我们给自己的能力设定了一个极限时，往往离自己实际的极限很远。原因很简单，人们通常依照自己以往的经验而设定自己的极限，以为这样就能避免失败。

其实，任何人都有一种潜在的创新能力，这种能力可以大大提升我们各方面的能力。那么，该如何去培养创新能力呢？以下有几个方法不妨试试。

1. 要对事物保持好奇心

对事物有好奇心的人，往往能够从中找到自己的乐趣，也因此能够发掘自己的潜能，这样的人最容易突破常规，有所创新。好奇心不足的人，也是怠慢自己智慧的人，几乎都属于自我防卫型，对变化采取抵制的态度。对新生事物缺乏兴趣，当然谈不上富有挑战精神了。对于全新的或自己不了解的东西，如果人们平时没有形成主动吸收的习惯，到了关键时刻，或是抵制，或是逃避。好奇心的缺乏，必然导致对环境和变化的敏感度降低，从而在面对新的情势和需求时难以做出适时的调整，这样必然贻误有利战机和丧失发展的机会。

创新的驱动力就是好奇心，好奇心对原始创新是至关重要的，原始创新不是事先能够预料的，往往是在好奇心的驱动下突发的一种创造性思维。

量子论的创始人普朗克回忆说，在上小学时，他的老师这样说："想象一下，一个工人举起一块重石头，把它放在房顶，若干年以后，一个人走在房子下面，房子塌了，石头突然掉下来砸在他身上，这说明这个能量并没有消失。"这样一说，学生们哄堂大笑，普朗克却像被雷击了一下，他一下子产生了一种强烈的好奇心，原来我们周围的世界有这么多道理在里面，而这些道理支配着所有人的行为和事情的结果。于是他很想去弄清楚这些道理，这促使他选择了物理专业，并且取得了骄人的成就。

2. 不满足于现有的知识和技能

如果一个人满足于现有的思维和工作方式，那么，他必然没有创新精神。在他看来，自己的产品和销售方式都是非常完美的，产品卖不出去不是因为产品不好，或者是需要更新换代、变换销售方式，这样的思想自然会在很大程度上抑制其创新能力的开发。

所以，无论什么时候都要以一种敏锐的、全新的思想来看待身边的事物，只有不满足于现有的知识和技能，才能为创新提供动力。

3. 用心观察

杨振宁教授曾这样回忆道："到了芝加哥大学，老师泰勒开了一门课，泰勒非常忙，所以他通常不备课，讲课有时就会误入歧途。我那时已经有相当多的知识，所以当他误入歧途时，我知道他就要出问题了，这对于我有很大的启发。因为当他发现自己要出错的时候，他一定要想办法赶快弥补，当他想办法弥补时，思想就像天线一样向各个方向探索，看到底是什么地方走错了。那么，在这个关口，如果你对这个题目很了解的话，你就可以看出他在物理学上的想法：他注意什么，不注意什么；哪些是他真正觉得值得注意的，哪些只是雕虫小技，并不重要的。通过这点我也学到了很重要的东西，在这方面我受到了很大的启发。"

用心观察对于培养创新能力也有着重要的作用。如果没有敏锐的洞察力，就表示这个人发现不了事物已有的优缺点，就不会意识到怎样进一步改进。而且，只有善于发现原有事物的优缺点，在进行创新时，才能够吸收原有的优点，避免原有的缺点。就像我们现在 PC 机普遍使用的 Windows 操作系统一样，只有善于观察和搜集原有版本的信息，才能够改进出更为强大和完善的新版本，而且微软一直会根据技术的发展为系统打补丁，推陈出新。

4. 集中注意力

创新能力必须具备的一个要素是集中注意力，注意力集中的程度决定着思维的深度和广度。华罗庚也说："天才比常人能更高度地集中注意力。能长时间集中注意力勤奋工作的人，才可能成为天才。"华罗庚本身就是这样的天才。

能够把自己的注意力集中到一件事情上，才能全心全意地去思考其中的问题，因为一个有天赋的人如果做事情注意力不集中，是不会得到认可的，即使他具备创新精神，也会被自己的三心二意无情抹杀。

5. 具备积极的心态

人在快乐和开心的状态下，思维就会很活跃，所以，为自己营造一个和谐的环境并保持积极的心态对于创新能力的培养非常有意义。

这是一个很简单的道理，因为每个人都有过这样的经历，那就是人逢喜事精神爽，人在遇到高兴的事情时，心理和生理会有积极反应，比如平时认为的一些不可能办到或者是没有想到办法的事情，此刻可能很容易就能解决。

既然是这样，我们就有必要让自己保持积极的心态，在面对任何事情的时候，都要热情地对待，而且迅速地排解掉一些消极的、不良的情绪，让快乐的思绪带着自己一起飞舞，积极地去面对世界。

总而言之，创新对我们来说非常重要，我们必须重视自己创新能力的培养。尽管时代在不断地变迁，技术在不断地更新，但是，不论如何，具有创新精神的人无论在什么时候都会是“香饽饽”，在什么情况下都能找到事情的解决办法，在什么地方都会遥遥领先于别人。

启示语：

每个人都是一粒深埋的金子，在土里发光只有它自己看得到。当你把它挖掘出来时，它的光比在土里更加灿烂。我们每个人的潜能也一样。只有你去慢慢地挖掘培养，才能发出应有的光芒。

成功建立于思考之上

任何人的成功并不是只靠想象就能拥有的，但是也没有什么成功是不需要想就能实现的，因为没有先期的思考和计划，你的行为就没有方向和目标，盲目地去干只能是困难重重弯路多多，而且成功的概率非常小。

有人说成功不是想出来的，是脚踏实地干出来的。我认为，后半句是正确的，但是前半句不够合理，应该这样说：成功是先靠想，然后脚踏实地干出来的。我们这里所想说的，当然不是躺在床上，盯着天花板异想天开，而是思考和计划如何实现目标。

每个人的人生计划应该量身而定，而且要一步步地设计。你今天身无分文，不能奢望明天就能挣一千万，但这不表示你以后不能够挣一千万。俗话说：君子爱财，取之有道，挣钱要光明正大，要挣阳光下的利润，应该有一个切合实际的、能够付诸实际行动的目标。目标是有大小和远近之分的，每个目标都是需要一步步来实现的，只要思维正确，方法得当，经得住时间的考验，再加上一些合适的机遇，一个有潜力、有卓越能力的人虽然今天落魄，但是将来会成就一番伟业。到了那时，你的目标就会更大，实现的可能性也更高。

有一位来自农村的建筑公司老板，因为家里贫困，小学毕业后便没有继续求学，在家帮父母干农活。因为家里还有弟妹，为了让他们能继续上学，15岁时，他就和村里的施工队一起去村里附近的县城干活，做泥水匠。几年以后，村里的年轻人热衷于去大城市打工，而且每到过年时，从城里回来的人挣的钱也让他心动。于是，20岁时，他和几个年轻人带领其他村民、带着发财的梦想出发到城市里打拼去了。

进了城，花花绿绿的世界是他没有见过的，看着城里的孩子吃穿都比家里的孩子好，他就想："我虽然没有机会再上学了，可是我一定要挣很多钱，供弟弟妹妹上学，也让他们和一辈子没有吃好穿好的父母过上富足的生活。”

城市发展得很快，一座座的高楼拔地而起，所以，城里的活儿比乡下的多很多。可是盖房子是很辛苦的，天天暴露在户外，夏天顶着烈日，本来20岁还很稚嫩的脸渐渐地晒黑了；冬天顶着寒风，他甚至没有一件像样的棉衣。但他始终有一个梦想，就是有一天，他肯定会发财的。就这样，他干活更加努力，从来不会偷懒，有时候，包工头派给他一些又累又脏的活，他也没有怨言，从来不嫌弃，他认为现在的自己就得多干，多学，以后才会挣更多的钱。他一直默默地干着，而且每次都干得非常好，时间一长，包工头发现这个小伙子很卖力，活儿也干得不错，就给他涨工资，使他逐渐从一名底层的泥水匠做到了队长。

几年后，老板的公司逐渐发展壮大，现在的包工头忙不过来了，就让他做工头，带领一帮人去单独承揽工程，虽然这时候，他手里的公款多了起来，可是他并没有克扣工人的工钱，也没有拿回扣，同村出来的伙伴还笑话他老实巴交。可他并没有因为伙伴的话就改变自己，就这样，他一步一步地有了自己独立的客户资源，手里也慢慢地积累了一些资金。

他利用积累的资金，组建了自己的施工队，而且以前很多客户都非常信任他，他的施工队生意不断。他的业务越做越大，成立了颇有规模的建筑公司，实现了自己的梦想。

由此可见，人的一生需要思考很多事，其中很重要的一件事就是思考如何使自己的事业成功。想象自己想获得的财富和成功也就是给自己的事业定下一个目标。有了目标才能为自己人生之路的前行确立正确的方向，为今后的成功增添一份自信的勇气和力量。

启示语：

一个人在追求人格独立的时候，也必须培养起一种独立思考的能力，只有对世界、对社会、对人生、对各种各样的现象都保持清醒的头脑，有自己的认识视角和判断标准、思考方式，才能指引他们向着有利的方向发展。能力再强的人，如果没有工作顺序的统筹，没有奋斗目标，就开始埋首于工作之中，势必会把工作弄得一团糟。

小事靠做，大事靠想

一个人在思考问题的时候，应该把握住事情的重点，如果被琐碎的事情牵绊，就会忽略应该注意的大事，把精力和时间用在考虑琐碎的事情上面，那么，就会越来越迷糊，甚至会失去原来的方向。

我们的人生是由很多事情组成的，某件具体的事情也是由无数的细节和琐碎的事情组成的。这里强调的做事并不是忽略细节的存在，而是说在你考虑某个建设性意见和想法的时候，要以主要的方面为主，制订出总体的方案、计划，而到了做具体事情的时候，则要认真、细致，力保每一个细节的完美。

小事靠做，大事靠想。我们思考问题的重点应该放在大事上面，如果你反其道而行之，长此以往，慢慢地就会把握不住重点，你的眼前，你的思维里就只有小事。

这也是一种没有远见的表现，因为你只看到了眼前和周围琐碎的事情，也只考虑怎样把这些事情做好，就没有时间来把握人生的总体方向。一个人对琐事的兴趣越大，对大事的兴趣就会越小，对大事关注越少，就只能整天忙着思考和处理琐碎的事情，总是埋怨没有时间做正经事，其实他们的潜意识是在逃避做正经事。

被琐碎的事情迷住眼睛有如下两个弊病。

1. 因为分心，所以失去方向

既然我们有远大的抱负，而且还有远见，看到了很多成功的途径，那就围绕这个中心去行动。但是在这个时候，你身边有很多迷惑你的事情发生，它们的表象让你感觉到能更快地获得利益和好处，你转而就把精力放在了这些事情上面，丢弃了本来的方向。

有这样一个人，他觉得某个品牌的服装在当地会有很好的市场，准备开一家连锁店经营这个品牌，但在与商家交涉的过程中，另外一个厂家也有意与之合作，价格要比第一家便宜，在店面的装修上也可以省下一笔钱，他就转而和另外这家合作。结果，他投资的这个品牌风格得不到当地大部分消费者的认可，生意冷清，而原来那个品牌已经有人在经营，且生意红火，这让他后悔莫及，但是为时已晚。

我们在考虑事情的时候要有重点，什么事情才是最为关键的，要重点思考，如果一件事的重点是要抢占先机，争取时间，而你偏偏不紧不慢，考虑的是与事情的结果无关紧要的内容，那么，必然就会失去方向或者是以失败而告终。作为职业人士，如果你以你的工作为业，并想继续发展，那么就应该一门心思地把精力放在自己最重要的目标上来，所考虑的问题也应该围绕着这个目标进行。假如你从事的是计算机软件开发的工作，你不去研究自己专业方面的知识，而认为应该学习点财会知识，去考会计师资格；又觉得考导游可以四处游玩，去考导游资格证；之后觉得应该懂得一些法律知识，又去参加司法考试。结果白白把时间和精力花在了对你的主要目标没有多大帮助的事情上面，这样一方面造成了资源的极大浪费，另一方面什么事情都干不好。

2. 被繁杂的事情吓退

很多时候，我们在想某件事情的时候，会被一些琐碎、繁杂的事情吓倒，认为小事情就这么复杂了，那要实现大的目标肯定就更难了。做大事是需要想象力、判断力、勇气和自信的，不是一个精神“软弱”的人能为的。只有排除前进道路中不必要的障碍物，才能回归到自己正常的轨道中来。

如果过分地关注目标里面一些琐碎的事情，从心理上来说就会造成一种无形的压力和恐惧感，从而怀疑自己的能力是不是能完成自己的目标。在思考问题时，一定要目标明确、思路清晰，这样才能一路朝着目标走下去。

“极有个性”，这不仅是盖茨父亲对盖茨的评价，也是盖茨大学同学对他的评价。他个子小，人又瘦，声音很尖，是个左撇子，于是他成了那些没有什么意义的技能方面的高手，比如单脚跳越过垃圾箱，或立定跳过长凳等。盖茨从小孤僻、自闭、独来独往，12 岁时他就不爱和其他小孩交往。

在哈佛，盖茨依然不算好孩子，他无法抵抗电脑的诱惑，于是经常逃课，整个晚上地写程序、打游戏。扑克和计算机消耗了他的大部分时间，他因此成了宿舍里的高赌注扑克赌博的常客。

可是，这些毛病并不能掩盖他数学上的天赋和卓越的才华，“我应为王”的信念让盖茨牢牢地掌控住自己的命运，他也不在乎自己身上这些所谓的缺点。不按人家说的“应该怎样做”或“不应该怎样做”，这也成了比尔·盖茨性格中的最大特点。当他认为继续上学对他来说已没有意义时，毅然为了自己的梦想放弃了学业，不会为没有学历这些事情而烦恼，不为了拿到一个文凭而继续做自己不愿意做的事，一心只有自己的远大抱负，并开始了他的创业旅程。事实证明，一个人只要选准目标，就不会为了一些琐碎的、没有意义的事情烦心和耗费精力，这很可能就意味着成功。

所以，想获取成功，应该放弃那些对小事的思考，把思考的时间让给大事，小事用行动去完成它就可以了。

启示语：

不要为了某一件小事去浪费时间思考。对于小事，用你的行动去实现它，把你思考小事的时间用以思考大事，当你做到时，你也就成为老板的左膀右臂了。

没有创意只能平庸

有一天,天空下着大雨,寒风肆虐,有个乞丐实在是又冷又饿,前方有一个大户人家,他就想去那里讨点饭吃。其实,这个乞丐平时是不愿意去财主家讨饭的,他宁可去穷人家讨几口粥喝。

乞丐敲了敲门,还没来得及说话,一个佣人就从门缝里大声呵斥道:"滚开!不要来打搅我们。"以往乞丐遇到这种情况就会知趣地离开,但今天不行,他一定要讨到吃的,况且外面下着那么大的雨,讨不到吃的,避避雨也好。于是,乞丐说:"只要让我进去,用你们的火炉烤干衣服就行了。"

那个佣人想:这样什么也不需要花费,就让他进来吧。

眼看着衣服快干的时候,乞丐说:"请给我一口小锅,我想煮石头汤喝。""石头汤?"佣人惊讶地睁大了眼睛,心想:真是够新鲜的,我还真没有听说过石头可以煮汤喝。我就借给你一口锅,看你怎么煮石头汤喝。于是,就给了乞丐一口锅。乞丐到院子里假装左挑右拣地捡了块石头,洗干净后装模作样地吹口"仙气",放在锅里煮。然后眯上眼睛念叨着"神秘的咒语"。

过了一会儿,乞丐说:"可是,做汤总得放点盐吧。"

佣人一想也是,于是给了他一些盐。乞丐急忙道谢,而且还大肆赞美佣人的仁慈,佣人听得心花怒放。乞丐接着又说,假如汤里加进佣人的善良和聪明,这锅石头汤喝起来一定美味无比。佣人想了想,又给他拿来了豌豆、薄荷、香菜,在旁边等待着奇迹的出现。不一会儿,锅内果然溢出汤香。为了让石头汤喝起来更加完美,佣人又从厨房里把能够收拾到的碎肉末都放到汤内。

汤煮好了,乞丐把石头捞出来扔掉,把一锅鲜美的肉汤喝了。这时候,佣人才知道自己上当了。

这个故事告诉我们:世间没有不可能的事,只有想不到的事。

通用汽车公司总裁杰克·韦尔奇说:"在目前这个竞争激烈的新经济时代,一个企业家最差劲的表现就是缺乏创新、不思进取。"

是啊,想要打开一个全新的局面,就必须要求我们突破现有的常规,突破现有知识的束缚,有一种把不可能变成可能的精神和能力。一百多年前,当时的科学界几乎达成了共识,那就是用金属制作的机械飞不起来。但是作为工人出身的莱特兄弟偏偏对这个理论怀有质疑,他们坚信可以逆转这个科学家认定的事实,他们反复研究、无数次地试验,结果他们把不可能变成可能,造出了飞机。到了现在,当时的人们所想象不到的,更为先进的飞机制造技术和飞行技术,都变成了可能。

通常,我们思考问题的方式往往局限在常规模式下,在遇到或处理相似问题的时候,就会走常规的路线,这样的好处就是能少走弯路,节省时间。但是,想要有所创新,那就得打破这种常规,不能陷入既往的思维模式,要有勇气进行新的尝试,别出心裁。现在的常规还没有被打破的时候,我们就要另辟蹊径,走出一条更新更好的道路,就能够在常规不能适应新环境的时候,找到新的出路。

技术不断进步的计算机行业正面临着各种接踵而来的新挑战,盖茨的工作是要确保他的公司永远比竞争对手领先一步。他必须要考虑到广大的顾客需要什么,创新一直是盖茨和微软的主旋律。

1994 年,微软把教育作为计算机发展的领域来重点考虑,并为 8 岁至 14 岁的青少年开发出增进智力发展和培养实用计算机技能的软件包,代替了那些具有暴力和侵略行为内容的软件。这个措施的突破在于让电脑用户转向一种新的产品,更易被社会所接受。当时软件开发集中在操作系统和应用软件上,盖茨这一突破常规的做法让他的微软在市场上名利双收。

盖茨在与 IBM 合作时,就具有突破常规的创新思路。他将计算机操作系统同硬件分离,各种类型的厂商和产品也将随之出现,当时,这毫无疑问是一个具有革命性意义的想法,因为它意味着计算机技术的研发不再局限于少数工程师。甚至盖茨本人也表示:"这是一个相当了不起的想法,不仅为硬件提供了发展机会,也给软件领域带来了创新的可能。"1980 年,IBM 为了推广 PC,决定和盖茨合作,盖茨在合同中提出了一个创新的方案,即在向 IBM 提供操作系统的同时,又说服 IBM 同意微软向其他计算机厂商提供操作系统授权。这样,微软在当时不仅仅扩大了操作系统的市场,同时也借助 IBM 机器的推广创建了与所有公司共同使用的标准平台。

微软公司另一位创始人艾伦表示："盖茨总是想着如何让公司的产品更成功，更具市场竞争力。如果换一个人回到当初那个年代，我真不知道他是否会拥有同盖茨一样的远见卓识。"

创新，在我们的工作中是多么重要。创意的确是无限的，只要我们肯去想，那有什么事情是办不到的，有什么问题是我们无法解决的呢？一个小小的创意改变的不仅仅是现有的状态，它给我们开辟的局面将会更加宽广。

启示语：

个性化时代要求我们必须具备创新精神，如果不懂得创新，照搬别人的成功经验或者是设计，这样的想法和做法是不会有所成就的。

第二章 >>>

保持自我的员工

每个人如果要掌握他自己，就必须时时由他自己的岗位回来，拥抱一切其他的劳动者。

——爱默生

别羡慕他人，做最真实的自己

不要羡慕别人，自己是最好的。“我就是我”，没有人能替代我自己。你也许能把很多事做到完美，但是你仍然不能代替他人。人生最重要的就是做真实的自己。

生活中，许多想成功的人，他们都在模仿自己心目中的那些成功人士，但是他们往往在这些模仿当中迷失了自己，忘记了真实的自己，忘记了自己的优势。其实，成功的人与不成功的人，都拥有着聪明的一面，也有着他人不可比拟的自己天生的长处和特质。所以，我们不必去模仿那些成功人士，我们只要借鉴他们的成功经验，当你找到了自己的优势时，你就有通向成功的起点了。

那些有成就的人，他们敢于选择做真实的自己，走自己的路。不管他们所选择的这条路，是热闹或是冷清，是忧伤或是快乐，他们仍然走在路上。然而，这些成功的人和有成就的人，他们需要的是一种永不言败的精神和一种不断努力奋斗的勇气。他们也懂得经营自己的人生，把自己的人生打拼得有声有色，活出真正的色彩。

有这样一句话：人的身体是模子倒映出来的，但是一个人只有一个模子，而且在这个模子倒映出自己的时候就打碎了。是啊！在这个世界上，每个人都是独一无二的。因此，我们有理由保持自己的本色。生活当中，我们不该再浪费任何一秒钟，去忧虑我们与其他人不同的地方或去模仿他们，我们应该好好利用自身的潜力。

索非娅·罗兰是意大利的一名电影演员，16 岁时为了实现自己的演员梦想，于是一个人来到了罗马。但是，她的路很遥远，因为她的长相阻碍了她成为一名演员。刚到罗马时，她听到自己“个子太高、臀部太宽、鼻子太长、嘴太大”等等流言飞语，把她说得没有一点做演员的资格。

不过很幸运的是制片商卡洛看中了她，看中了她并不代表她一帆风顺了，索非娅·罗兰去试了许多次镜，但摄影师们都抱怨无法把她拍得更美艳动人。卡洛收到了摄影师的抱怨，于是找到了索非娅·罗兰并对她说："索非娅如果你真想干这一行，我建议你把你的鼻子和臀部'动一动'，做一次美容手术，那样就会更好些。"

对于没有主见的人来说，这是一次千载难逢的机会，一定会按照卡洛的说法去做，但是索非娅·罗兰是个有主见、不愿意随波逐流的人，她断然拒绝了卡洛的要求，在她的心里，始终坚信着这样的一个原则：我就是我自己，只有先做好了自己，我才能向他人学习。索非娅·罗兰坚信，她要靠自己内在的气质和精湛的演技来取胜，于是找到了卡洛，并理直气壮地说："对不起，我不能这样做，我就是我自己，只有做好了自己，我才能向别人学习，这是我的原则。虽然我的鼻子太长，但它是我脸庞的中心，它赋予了我脸庞的独特个性，我很喜欢它。至于别人怎么说，我无法改变，因为嘴是长在他们的身上。我只要坚信我的原则就够了。"

虽然很多流言对索非娅·罗兰都很不利，但索非娅·罗兰没有因为别人的议论而停下自己奋斗的脚步，她反而越挫越勇。从她开始演戏起，她一生拍了60多部影片。索非娅·罗兰的演技达到了炉火纯青的程度，她得到了观众的认可。

随着索非娅·罗兰事业上的不断成功，到了1961年，她获得了奥斯卡最佳女演员奖，成了世界著名影星。然而，她刚出道时，对她所说的那些鼻子长、嘴巴大、臀部宽等等的议论都不见了，反而得到了更多的好评，以前的缺点成为当时评选美女的标准。

当后来有人问起索非娅·罗兰的成功时，她是这样回答的："我谁也不模仿。我不去奴隶似地跟着时尚走。我只要做我自己。当你把自己独特的一面展示给别人的时候，魅力也就随之而来了。"

我拥有我自己的人生，这些年的拼搏，我知道了人生其实就是不断地寻找自己、定位自己、调整自己的过程。但最值得注意的是，我们要在拼搏的过程中知道自己的位置，找到最适合自己的人生舞台，只有这样，我们才能活得更加精彩，才能迎向明天成功的太阳。

坚持"我就是我"的原则，并且找到属于自己的人生目标，只有这样才能获得成功。

启示语：

不论如何，你都要遵守自己的原则保持本色，不管是好是坏，是美是丑，是富是贫，你始终有你自己生存的理由。你还需要知道，聪明人是真实自己的写照，要想成为一个聪明的自己，首先做真实的自己。

要保持自我

想获取成功必须自信，不要让他人的消极思想阻碍你前进的步伐。只要你始终坚持不把自己的命运交给别人，你就能决定自己的命运。

有人意味深长地说过这样一句话："假如谁能把3岁时想当总统的梦想保持50年，那么他一定就是总统了。"只有坚持自己的人，才能产生面向未来的希望之火，才能获得积极进取的力量。

任何人都有属于自己的一片净土，但是有些人却不能守住它。一味地听从非理智的选择，使我们的神经变得麻木，不再拥有对生活的热情，将来不论干什么样的事业，都没有勇气面对挑战，或者半途而废，很难做出成就。

李明出生在20世纪70年代的南方山区，在小学时，他非常喜欢看中国地图，因为他心里坚持着一个梦想：到首都北京去。

那天，教室里没有老师，李明把自己最珍贵的中国地图拿了出来，在地图上看着北京的方向，并仔细地研究到北京的行走路线。李明非常入迷，他完全沉入了心中所想的美好未来。梦想着北京天安门、故宫、圆明园、颐和园是如何的美丽、壮观。当老师走进教室时，李明仍旧沉浸在心中的梦想中，老师也发现了李明的举动，于是过去大声地叫道："李明，你在做什么？"

猛抬起头来的李明对老师说："我在看地图，好羡慕那些出生在北京的人，我发誓将来要去首都北京。"

老师很生气，抓起李明的地图丢在地上，并且对李明说："一个山区的孩子，你这辈子也不可能到北京，还是老老实实地学习，不要去梦想那些不可能的事。"

李明很生气，他在心里想："我会让我的梦想实现的，我并不是你所说的这样无能，我一定要坚持自己的想法。"

20 年后，李明在北京给老师寄了一封信，在信里有几张相片和给老师的话："老师你好，这封信是我坐在天安门广场上写的，我记得在小学时你对我说，我这辈子都不可能到北京，现在，我就在这儿，并且生活得很好。因为我始终坚持着自己的梦想，我羡慕在北京的人，我也坚持相信自己会到北京。"

写信的时候，李明感触很深，他在心里想：如果当初我听从老师的话，现在会坐在天安门广场上吗？会到那些梦想的地方游玩吗？

李明的答案是"不会"，因为他知道，一个人只知道羡慕别人拥有的一切，而不去坚守属于自己的东西，很容易动摇自己的心志，改变自己的初衷。要守住自己的信念，坚持自己的方向，做出无悔的选择。

一位年老的富翁，有着巨额财产，他一直担心自己死后留给儿子的财富不但不能给儿子带来幸福，反而会坐吃山空，最后招致厄运。

一天，他把儿子叫到跟前，向儿子讲述了他自己是如何白手起家的奋斗经历，目的是希望儿子也能奋发图强，靠自己的努力打拼出一片天下。

富翁的儿子听了很受感动，决定独自一人去寻找财富。他跋山涉水、历尽艰辛，最后在热带雨林找到一种能发出浓郁香气的树木，这种树木放在水里不像别的树木一样浮在水面。他心想：这一定是价值连城的宝物！就满怀信心地把香木运到市场去卖，可是无人问津。为此他深感苦恼，当他看到隔壁摊上的木炭总是很快卖完时，他一开始还能坚守自己的判断，但日子如水，时间让他改变了自己的初衷，他决定将这种香木烧成木炭来卖。

结果，烧成木炭的香木很快被一抢而空，这个结果令他非常高兴，他迫不及待地跑回家告诉父亲，父亲听了他的话，却老泪纵横。原来，儿子烧成木炭的香木，正是这个世界上最珍贵的树木沉香，只要切下一块磨成香粉，价值就超过了一车的木炭。

富翁老泪纵横的原因是儿子没有守住自己的沉香，而使世界上最珍贵的香木与木炭卖了同价。这个故事告诉我们，做人最怕的不是贫穷，而是没有主见，经不住生活的诱惑而随风摇摆，最终随波逐流，放弃了自己最宝贵的东西。

这也是世人常犯的错误，当看到别人有利的一面时，一开始还能坚持自己最初的立场，时间一长，就不能坚守自己了，最后让自己最珍贵的东西还没有发挥出应有的价值就丧失了。

现实生活中那些漂亮、美丽、吸引人的东西只能去看，不能比较。其实，尘世的每一个人都有属于自己的“沉香”。但世人往往不懂得它的珍贵,反而对别人手中的木炭羡慕不已,最后只能让世俗的尘埃蒙蔽了自己的双眼,到头来悔之晚矣。

启示语:

人生就要活出真正的自我,活出自己的风采,做自己想做的人。不要任意听取别人的意见去模仿他人。要遵守“我就是我”的原则。

别在意他人的眼光

这个世界上,没有人是不羡慕别人的。尺有所短,寸有所长,在你羡慕别人时,很可能别人也正在羡慕你,无非是所站的位置不同,着眼的角度不同罢了。

很久以前,有一个国王拥有两只精致的饭碗,一只是银的,一只是瓷的。银碗每天都在嘲笑瓷碗,看不起脆弱的瓷碗。

“敢碰我吗?姓瓷的家伙。”银碗一直都称呼瓷碗为姓瓷的家伙。

“银碗兄弟,你每天都这样问不烦吗?我没你硬,我怎么敢。”谦虚的瓷碗说道。

“天天都听你这样回答真舒服啊!你不觉得你很懦弱吗?”银碗傲慢地说。

“银碗兄弟,我不敢碰你,不是因为懦弱。我们的存在是给别人使用,并不是在这儿互相碰撞的。要说在本职任务方面,主人使用我的频率应该比你高吧!还有……”

“停!懦弱的家伙,你怎么能和我相提并论!你等着吧!过不了几天,你就会被主人摔碎,而我将永远存留在这儿。”

“银碗兄弟,我俩在一起这么多年了,何必这样呢!和睦相处不好吗?为什么一定要天天吵架,这是为什么啊?”瓷碗感慨地说着。

“气死我了,你不知道吗?天天和你待在一起,我感到羞耻,你这个懦弱的家伙,总有一天,你会消失的。”

许多年后,随着国王的死去,银碗和瓷碗也陪同国王深埋地下,一左一右放在了国王的手边。

转眼几个世纪过去了,国王的墓地让后人们打开了,人们发现了那只瓷碗和一个看上去像银片的东西。

“看啊!这个瓷碗真美。”一个人拿着瓷碗高兴地说道。

许多人都在赞赏这只几世纪前的瓷碗，瓷碗也为自己的重见天日而高兴。

当瓷碗和那个看上去像银片的东西放在一起时，瓷碗发觉了许多年前那熟悉的气息，于是问道："像银片的东西，你是银碗兄弟吗？"

"你是……哦，我记起来了，你是瓷碗。"银碗有气无力地回答道。

"银碗兄弟，你怎么变成这样了。要不是你身上的味道，我都不敢开口问你了。"瓷碗又问道。

"唉！一言难尽啊！当年和主人一起到这儿来，开始还好好的，到了后来，我慢慢地感觉到自己在老化，自己的身体也在慢慢消失，现在更严重了。我真后悔当初对你的嘲笑，过去了这么多年，你还是没变，而且比当时更加美丽了。"银碗无奈地说道。

是啊，每个人都有自己的优点和缺点，不要用自己的优点和他人的缺点比较，要懂得羡慕自己和尊重别人。只有羡慕自己才能带来更多的快乐和自信，只有尊重别人才能显示出自己的宽容和美德。

现实的生活中，人人都有一条坎坷的路，家家都有一本难念的经。只是，平常生活中无论是别人展示的，还是我们关注的，总是风光的一面，得意的一面，这就像女人的脸，出门时个个都描眉画眼，涂脂抹粉，光艳亮丽，这全都是给别人看的。回家后，一个个都素面朝天，这就难怪男人们感叹："老婆还是别人的好。"于是，站在城里，向往城外，一旦走出围城，就会发现生活其实都是一样的。

有位哲人曾说过："只看到别人的优越而看不到自己的优势是懦夫的行为，就像拿着一只金碗眼巴巴地望着人家锅里的粥一样。"

这句话刚一听不好理解，但细细品味，却有它的道理。所以，不要把你的生命浪费在对别人的过度羡慕上，应该以此激励自己：他能行，我肯定也能行。要跟自己的心灵去赛跑，每天一个进步，日积月累，不愁不成功。

同样地，走进明星、名人的生活，他们也有着不为人知的辛酸。名导谢晋的儿子是智障；美国前总统里根曾几度风光，晚年却备受不孝逆子的敲诈、虐待；戴安娜如果没有魂断天涯，有几人知道她与查尔斯王子那场"经典爱情"竟是那般糟糕……

所以，要懂得欣赏自己的生活，让自己活得随心所欲。打造属于自己的领地，如果你能改变什么让自己感到愉快，那就做一些改变；如果改变了以后会让自己不愉快的话，那么无论别人怎么劝你做，都不应该盲从。

还有，如果我们想改变自己，但在经过了很长时间之后，还是没有发生改变，而自己已经感觉到无力改变。此时，你不应该勉强自己去做，而应该原谅自己，欣赏自己所拥有的一切。你要通过自我反省，去发现你自己觉得不满意的地方，要尽量地忘记过去那些不愉快的事。毕竟，上帝创造了我们不同的个性、不同的品质、不同的能力，就是希望我们成为这个世界上独一无二的人，所以，我们要接受自己不完美的地方，没有必要勉强自己委曲求全。

启示语：

生活当中，每个人都有自己的特点，有自己的长处，也有自己的短处。天生我材必有用，不要拿自己的短处去比别人的长处，也不要盲目地羡慕别人。

别迷失自我

我们都是有着个性特色的个体,因为占据了不同的位子,所以各有各的风景。能真正活出自己的特色,找到自己位置的人是最幸福的人。因为许多人很合理地发挥了他们的潜能,也让自己的爱好为自己描画出了职业的蓝图。他们无愧于自己的一生,活得真实、坦荡、自然、自由,不会让外界的诱因和压力侵犯心灵中那块圣洁的领地。

我们每个人都有自己的世界观和人生观,有自己的思维模式。要做一个世人眼中的标准人就意味着你必须在做事情时,不要以别人的标准和眼光去限制自己的行为,否则就是对自我的扼杀,是对个人精神生活的侵略。况且世俗的眼光和标准也未必合理,相反,许多成见和标准往往会成为优秀的"杀手"。

杰明是一个20多岁的年轻人,他出生在一个非常富有的家庭。

一天下午,杰明正在游泳池边晒太阳,佣人通知杰明用晚餐了,当杰明要回去时,看到了别墅外有一个和他年龄差不多的年轻人,那个年轻人穿着一套很破旧的衣服,看上去非常落魄。

杰明非常好奇,于是过去问年轻人为什么站在这儿。

年轻人对杰明说:"我有一个梦想,拥有这样的一栋别墅,也能和你一样在下午躺在游泳池的边上晒太阳。可是我的梦想太遥远了,我不敢相信它能实现。"

杰明顿了一会儿,说道:"那你现在的梦想是什么,能告诉我吗?"

"我现在的梦想,就是能够美美地用一次晚餐,然后在一张非常舒服的床上睡觉。"年轻人说。

杰明笑着对年轻人说:"我可以让你实现这个梦想。"

年轻人在杰明的带领下进入了别墅,在杰明家年轻人享用了一顿丰盛的晚餐,到了晚上,杰明又把年轻人领到了自己的房间,指着那张豪华的床对年轻人说:"这是我的卧室,你可以在这儿睡一夜,这样你的梦想就实现了。"

第二天，杰明打开卧室的门，发现年轻人并没有睡在床上，杰明很疑惑，于是找到年轻人问："你为什么不睡在床上呢？我看床上的用品都没有动过。"

年轻人笑着对杰明说："谢谢你，你给我的已经足够了，我也知道我该怎么做了。"说完这些话，年轻人转身走了。

一晃几十年过去了，这时的杰明已经50多岁，他收到了一张精美的请柬，这是一张邀请他参加一个湖边度假村庆典的请柬。对于这张请柬杰明非常疑惑，他不清楚是谁邀请他。

那天，杰明到了度假村，看到了那里优美的风景和高贵的建筑物，也见到了许多社会名流。半个小时后，庆典开始了。首先是度假村的园主说："今天，我首先要感谢我的一位恩人，他是第一个在我成功的路上给予我帮助的人，也是对我的成功给予帮助最大的人，这位恩人就是我30多年前的朋友杰明。"

杰明在众人的掌声中走上了前台，并且和度假村的园主拥抱在一起，这个时候他才知道这个园主就是30年前的年轻人。

原来，30年前，年轻人在杰明的房间里想了一个晚上，他真不敢相信自己的梦想就在眼前，最后年轻人想通了，他知道，自己要有一个明确的目标，而且要努力地去实现这个目标，因为只要找到一条属于自己的路，不迷失自己的方向，任何梦想都有可能实现。

社会是一个多彩的世界，需要不同的人去装点。我们没有必要让自己屈服于世俗的标准。不必介意别人的流言飞语，你就是你，你有你的色彩，以你自己的方式去做自己。活出一种真实，那是你的权利，也是你的自由。不要让自己迷失了方向，勇敢地做一个真实的自己吧！

启示语：

你问过自己什么是你人生中真正想要得到的吗？不管你的心里有什么样的希望，在做这个梦之前，不妨问问自己：在完成梦想的过程中会得到快乐吗？如果能，那么你应该努力追求；如果不能，那么你不要做一个迷失自我的人，应该找到属于自己的道路。

永远是最好的

每个人都是最好的，不管你美或丑。因为你的长相并不是你所能选择的，它是父母给的，所以不要因为长相而感觉自己总是比别人差。

当我们对自己失去信心的时候，我们要学着改变自己，在心里对自己大声说：我是最好的。那些自我价值建立在外表上的人，都害怕自己外表上丝毫的缺点会使别人对他大失所望，不管是在什么时候，当他面对镜子时，都会忍不住要盯住自己细微的缺点看，在心里总是想着怎样来解决这个缺点让它变得完美，这种对自己失去信心的恐惧感挥之不去。其实这就是个人心态的问题，如果你一直持有先入为主的成见，不能接受自己身体的某些部分或某些微小的缺点，无论你的长相有多么的俊美不凡，你还是会对自己感到不满意。

美不是一种外在的表现，它是内在的，一个人也许外表并不突出，但他能散发出重要性远甚于面貌特征的气息。这些气息有自信、勇敢、聪明、快乐等。当你拥有了这些气息的时候，你就是最美的。但是换一个角度，如果你鄙视自己，那么你散发出的气息就会是在无形之中告诉别人“最好别看我”或“我长得不好，我又不懂得化妆……”。到那个时候，你的这种自我批评就会使他人低估你的魅力。

对自己失去信心的人都是失败者，相反那些对自己持肯定态度的人做事一般都会成功。因为，他们对自己有信心，相信自己是最好的，他们总是坚韧不拔地向着更美好的生活前进。对于失去信心的人来说，他们在心里深信自己是二流的，永远不能走上成功的舞台，不时的会对自己产生厌烦，对自己不尊重，看不起自己。这些原因，导致了他们总是回避生活的挑战，面对需要得到帮助的人，总是不能向前再走一步去帮助他们，始终在想自己的帮助对别人可能根本就派不上用场。其实我们应该相信一句话：“天生我材必有用”。没有谁是无用的，就看你如何对待自己。否定自己价值的人将会失败，即使不会失败，也是碌碌无为地度过一生。

也许在我们上小学或中学时会有这样的同学，他们对自己的学习一直抱着失望的心态，他们一开始就认为自己不是读书的材料，认为自己没有这个天分，所以等待他们的将会是失败或者平庸的一生。

否定自己的人，常常会身不由己地把注意力的焦点集中在他们最怕暴露的“缺陷”上。一个身材不好的女人害怕别人总是盯着她的身体看；一个脸上有缺陷的人，总是会把别人的注意力往其他的方面转移，避开她的脸；一个学习不好的人，当别人问起成绩时，他总是半天不出声或者转入其他的话题。如果我们为自己小小的缺点而自暴自弃，即使别人想替我们破除障碍，提醒我们真正有吸引力的优点，恐怕也是有很大困难的。

生活当中，我们见过一些身材或高或矮，或者特别胖的人，也许他会是你的朋友、你的同事。但你注意到他们对自己的态度了吗？他们当中有些人的态度总是那么从容自得，充满自信，根本没想到把自己和社会上一般的标准做比较。他们不会因为自己的身材而减损自信。美与丑、好与坏的评价在于观赏者的眼睛，其他人怎么说并不重要，他人的嘴不是你所能控制的，只要我们能控制好自己的心态就够了，只要你相信自己是最好的，那么任他风吹雨打都不怕。

世上万物没有十全十美的，再漂亮的房子也有缺陷，再新潮的电子产品也会有淘汰的时候。世界上最伟大的人物，他们一样有着许多的缺点，但是他们拥有良好的心态，他们都认为，自己不比别人差，自己是最好的。如果你时常对自己有负面评价，并设想别人也如此评价你，那么就会模糊了自己存在的意义，这样你的生活就欠缺了光彩。每个人都有自己的缺点和优点，长相好的人或许包藏着一颗狠毒的心；长相一般的人，或许有一颗善良的心和一副好脾气；事业普通的人，或许孝敬长辈，热心公益；而某些所谓事业有成的人，也许财富是偷税、走私得来的；学历不高、身份低微的人，或许个性谦虚，工作努力。所以好心态对任何人都十分重要。

一个人自认为是美的，他真的就会变美。如果他心里总是嘀咕自己是愚笨、无能的，那么他就会变得无足轻重，毫无作用。人的成与败、荣与辱都存乎你的心灵，若你真的关爱自己，那么就下定决心从现在起开心地接纳自己。只有自己接纳了自己，别人才会乐于接纳你。如果连你自己都不喜欢自己，那你怎么会得到别人的喜欢呢！任何时候都要相信自己是最好的，为了改变以往的不自信，将你的优点和缺点诚实地列出。对你的优点不要骄傲；对你的缺点不要心怀沮丧，而是以愉快乐观的心态下定决心改正它们。在生活当中不断地发现优点和缺点，再不断地优化优点和改正缺点，这样你就会越来越充满自信。所以，肯定自己的力量吧！相信你是最好的。

启示语：

一个人长得再漂亮，如果心态不好，也有可能对自己的容貌缺乏自信心。同理，只要我们把握好自己的心态，对自己充满信心，那么缺点对我们来说已经不重要了。

别让他人的眼光伤害自己

自己才是命运的主宰，在面对挫折和不幸时，相信你自己，相信你不比别人差，这样你才能更好地面对和解决这些问题。你也不要为所犯的错误而折磨自己，也不必为自身的缺陷而轻视自己，更不要为生活中的不幸而纵容自己，这样只会让你的生活越来越无趣。

我们要明白：只有相信自己，才能决定我们的人生是否成功。

美国南北战争时期有一位名叫格兰特的将军，此人军事才能杰出，但有一个毛病，就是好酒贪杯。林肯给过格兰特这样的评论：他是一位帅才，虽有缺点而且很明显，但其他人的才能无法与之相比。林肯为了任命格兰特，对众多的反对者说："你们说他有爱喝酒的毛病，我不知道，如果知道，我还要送一箱好酒给他呢！"格兰特的上任，决定了战局的胜利。在他的统帅下，美国南北战争出现了转折，北军很快平定了南方奴隶主的叛乱。

1862 年初，越打越艰难的南北战争，对于北方来说，已经到了生死存亡的地步。可是美国总统林肯还在为总指挥官的人选伤脑筋。千军易得，一将难求，按林肯的条件：这个人要勇于行动，敢于负责，而且善于完成任务。

他选择的第一任军事总指挥斯科特将军老态龙钟，思想落伍，不愿意也没有能力承担责任。

第二任军事总指挥麦克道尔将军是一个完全不能胜任工作的人，他甚至对统帅一支大部队都感到手足无措。

第三位军事总指挥克莱伦将军看起来是个优秀的人，但是他瞻前顾后，沉溺于理论分析中，很少去付出行动。

无奈之下，林肯任命哈勒克将军为第四任总指挥，然而哈勒克依然让他失望了。短短的几年中，如此频繁地更换军事总指挥，林肯总统实出无奈。当格兰特出现时,林肯知道合适的军事指挥官找到了。

在林肯总统的心目中,格兰特将军就是他一直要寻找的人;他充满了自信,勇敢无畏;敢于冒险,意志坚定;他在冒险中敢于想象,在想象中敢于付诸行动;他敢于负责,能创造性地完成任务。

1863 年 10 月 16 日,林肯命令所有的北方军听从格兰特的指挥,格兰特因此成为第五任军事总指挥。1864 年 3 月 10 日,林肯正式任命格兰特为中将,统领三军。格兰特成为美国继华盛顿、斯科特之后拥有统领三军这一最高军事权力的人。

事实证明,林肯终于找到了合适的人才。这个其貌不扬的人,却是当时全美唯一能够和南方军统帅罗伯特·李将军抗衡的人。

格兰特没有让林肯失望,1864 年 4 月初,格兰特发起的维克斯堡战役把南方同盟切成了两半,将密西西比河这条大动脉从南方军手中夺了过来。联邦的每一个城市和农村顿时群情欢腾,人们以各种形式欢庆胜利,祝贺指挥战争的头号英雄格兰特。

当林肯接到来自格兰特的捷报时,激动万分地说:“干得好,格兰特!”

格兰特指挥的维克斯堡战役的胜利是美国内战的一个重要转折点,而且维克斯堡战役中勇猛果断灵活快速的战术,也成为美军机动进攻的典范,被写进 1982 年版美国陆军 FMl00－5 号野战条令《作战纲要》。

格兰特的胜仗结束了南北战争,并使他成为国家的英雄。1868 年,共和党提名格兰特为总统候选人。但他对政治从来就不感兴趣,他一生中那仅有的一次总统选举投票,还是轻松地取得了胜利。

那么,怎样才能提高自信心呢?其实很简单也很困难,提高自信心,首先就要学会接纳自己,它包括接受自己的缺点和优点。

接受自我是自爱的行为,它与自私、自恋有本质的区别。自爱是自我珍惜的情感,意味着接纳自我的同时会去珍爱这个世界;自私却是以个人利益为中心,不顾他人利益的一种选择;而自恋则是一种极端的表现,自恋也是三者当中最具危险性的。

接受自我看似简单,实际上它是我们获取进步和发展的先决条件。只有这样接受自我,我们才会更全面地认识自己的行为和性质,进而更自信地评价自己。同时,在接受自己的基础上,要学会自我解嘲。当一个人能够以幽默的方式嘲笑自己的不足时,他就能够获得超然的心境。波希·霍汀是一位心理学家,他说过这样一句话:“不要对自己太过严肃。对自己的一些愚蠢的念头,不妨‘开怀一笑’,一定能将它们笑得不见踪影。”是啊,相信自己并不是一件坏事,而是一件让自己走向快乐、美满的事。

启示语:

在我们的一生中,究竟什么是决定人生成功的重要因素呢?是气质还是性格?是财富还是关系?是勇敢还是聪明?这些都不是。最重要的是自己必须相信自己,自己必须看得起自己,只有如此才能走向成功。

第三章 >>>

热情、积极的员工

热情常使最机灵的人变成疯子，同时也可以使最愚蠢的心变得聪明起来。

——拉罗什富科

对工作充满热情

对于任何人来说，热情就如同生命。只有凭借热情，我们才可以释放出潜在的巨大能量，成就一种坚强的个性；凭借热情，我们可以把枯燥乏味的工作变得生动有趣，使自己充满活力，培养自己对事业的狂热追求。

拿破仑·希尔许多年来都喜欢在晚上写东西。有一天晚上，希尔专注地坐在打字机前打着字，也不知道过了多长时间，他从书房的窗户向外望去，看见了从未看见过的月亮倒影，感到很奇怪。后来希尔仔细地看了一下，才看清原来那是清晨的太阳留下的倒影，而不是月亮留下的影子，他专心工作了整个晚上，由于太过专心，竟没发觉天已经亮了。这一夜好像只是一个小时，很快就过去了，但他没有丝毫的倦意。接着，他又不停地工作了一天一夜，始终保持着高度的热情，除了偶尔停下来吃点东西，补充一下能量之外，他并没有刻意的休息过。

正是因为对工作充满了热情，才使希尔工作起来精力充沛，不知疲倦，如果没有巨大的热情支撑，希尔不可能连续工作一天两夜，却丝毫不觉得疲倦。

对于热情的力量，一个曾经拼命工作的朋友也有很深的体会。这个朋友以前在一家网络公司工作，在纳斯达克上市是公司的目标，为了达到这个目标，他和同事们夜以继日地忙碌着，通宵加班，没有任何怨言，每每困倦的时候，想想以后上市的目标，原始股东的分成，便热血沸腾，以至于在那些经常加班的夜晚，也一点都不觉得累。后来公司经营不善，签下的项目越来越少，很长时间不用加班，偶然来了急活，让大家加班，大家都没了当初的热情，往往干到晚上 10 点以后已经趴倒一片，怨声载道。这就是热情强烈与否的不同结果。

在美国，有这样一个小故事，一家著名的牙膏公司有一位小职员，每次他给客户开票据、投寄信函乃至自己个人消费签发支票、签收邮件时，总在自己的签名下方写上公司的名字和“每支两美元”的字样。他因而被同事们戏称为“每支两美元先生”,真名反倒没人叫了。

公司的董事长知道这件事后,感到很奇怪:“居然有职员能从这么小的事情入手努力宣扬公司的声誉,我可要见见他。”于是邀请小职员一起共进午餐。他们谈得很投机。不久以后,小职员得到了提升,并一步步成为高级职员,后来董事长因年老而退休时,让这位小职员做了他的继承者。

由此可以看出,无论在什么样的企业里,只要我们热爱自己的工作,并充满热情地去工作,时时刻刻想着要为自己的公司做宣传,别人对你的评价会越来越高,你对工作的热情一定会被老板知道,自然会慢慢地把重要的事情交给你处理了,你就会在工作中感到十分的快乐,从而会不断地获得晋升机会。

美国著名的人寿保险推销员法兰克·派特原本是一名职业棒球选手。当初他刚刚进入棒球界不久,就遭遇了前所未有的打击——他被开除了。球队的教练认为他的动作无力,要求他走人,他对派特说:“你这样慢吞吞的,根本不像在球场混了这么多年。法兰克,离开这里以后,无论你到哪里做任何事情,如果不提起精神来,你将永远不会有出路。”

派特离开了球队,但是教练的话对他产生了巨大的影响,他的一生从此改变。之后,派特去了别的球队,他不断告诉自己,要成为最热情的球员。

在新的球队,派特一上场,身上好像带了电,强力地击出高球,接球的人双手都麻木了。即使是在气温非常高的时候,派特也依然精力充沛地跑来跑去。

这种热情所带来的结果让派特自己都感到非常吃惊,在这期间,他的球技突飞猛进,出乎意料地发挥得非常好,由于派特的热情,其他队员也被带动起来,大家合力打出了那个赛季最好的成绩。

后来由于手臂受伤,派特不得不放弃打棒球,改行到人寿保险公司做保险推销员。在人寿保险公司,他把自己的热情持续地表现出来,很快成为业绩最好的推销员,后来更被美国百万圆桌协会邀请加入成为会员。

派特说:“我从事推销 30 多年了,见过许多人由于对工作保持热情的态度,而收入成倍地增加;我也见过一些人,由于缺乏热情而走投无路。”

所以,一个对工作充满热情的人,无论工作的内容是什么,他都会怀着浓厚的兴趣,认为自己的工作是十分神圣的,会竭尽全力去工作,不管遇到多少困难都会以积极乐观的态度去面对。

启示语：

有史以来，没有任何一件伟大的事业不是因为热忱而成功的。只有对工作充满热情、对生活充满热情、对亲人好友充满热情，才能获取快乐，获取成功所需要的动力。

热情也是一种动力

伊尔说过这样一段话:“离开了热情是无法做出伟大的创造的。这也正是一切伟大事物所激励人心的地方。离开了热情,任何人都算不了什么;而有了热情,任何人都不可以小觑。”

我们来看一个例子:有一位大学生毕业之后来到了纽约,由于他没有什么工作经验,刚开始的时候,为了谋生他只好做了一份糟糕的工作,对此他觉得很不如意。于是,这位大学生每天都抱着无所谓的态度去上班,表情木讷,精神颓废,工作时也总是心不在焉,找各种借口应付上司交代的工作。不久后,他发现上司看到他时总是板着脸,同事们也开始有意识地疏远他。

两三个月之后,这位大学生感觉工作的压力越来越重,而生活却越来越没有意思,他快要崩溃了。于是,他开始不断地抱怨和感叹:“我简直就是行尸走肉,早知大学毕业是这样,我还不如在农场干活儿呢。”后来,在重重的压力和打击之下,这位大学生病倒了,同时也被公司开除了。在这种情况下,这位大学生认为自己的人生已经走到了尽头,对人生不再抱有任何幻想。

不料有一天,他在一家饭店里认识了一位来就餐的企业家,企业家说他可以帮助他摆脱目前毫无意义的生活,但大学生必须答应他一个条件——那就是不要任何报酬地到他公司上班。这位大学生想了一下,然后同意了。

从那以后,这位大学生的生活发生了一连串不可思议的变化。在工作中,这位大学生认识了企业家的女儿,他开始对生活充满激情,对任何工作都充满热情。在崭新的人生面前,这位大学生不禁感慨万千,他认为上帝对他太好了,他开始努力工作,不断地以崭新的姿态对待每一天。他开始认识到热情是一种意识状态,热情能鼓舞和激励自己采取积极的行动,让整个身体充满活力,使工作与生活不再显得辛苦、单调。他感到热情还能感染身边的人与自己一道共同奋斗，创造美好未来。

这位大学生越想越激动，他对企业家的女儿说："生活真的是不可思议，生活太精彩了。现在我终于明白了——人生就像是一棵树，一棵树成不了森林。绿阴相护共顶烈日，秀枝相接同承风霜。给你给我给他一片森林，给人生一道迷人的风景，我们就会热情似火地创造人生的价值。"

但企业家的女儿却对这位大学生说："我父亲说，全世界的人几乎都在沉睡，你认识的、看到的或是正在交谈的人，其实他们的人生都是在梦中度过的。他说，只有寥寥无几的人是真正清醒的，他们总是在用充满惊奇的眼光看待世界。他们总是在用火一般的热情对待工作，对待人生。"

这个例子告诉我们这样一个道理：热情是点燃生命的火种，热情是照亮前程的心灯，只有当我们的内心里充满了激荡澎湃的热情，我们才能更加积极主动，行动也才会显得更坚实有力，人生才能在此基础上绽放出绚丽的色彩！

是啊，热情与行动之间的关系，就如同汽油和汽车引擎，没有汽油汽车是发动不起来的，同样，没有热情行动也只会搁置在浅滩上。因此，无论做任何事情，都应该怀着热情，并用它点燃身体内蕴藏的能力，凭借着这股力量，我们可以改变自己人生中的任何层面，扭转那些不利于我们发展的环境，使梦想最终成为现实。

启示语：

热情是世界上最伟大的力量，是一切行动的源泉。一个因为热情而行动的人会成为一个伟大的人。因为当他充满热情地去做一件事情的时候，将没有任何东西能阻挡住他成功的脚步。

热情的魔力

热情,可以使我们的生命更有活力,使我们的意志更加坚强。不要畏惧热情,如果有人愿意以半怜悯、半轻视的语调把你称为狂热分子,那么就让他这么说吧。源源不断的热情,会使你像一个勇士,把一切艰难险阻踩在脚下。

拿破仑·希尔曾说:"若你能保持一颗热情的心,那是会给你带来奇迹的。"歌德也认为:"热情是任何事业最有力的支撑,它具有化腐朽为神奇的力量。"一个充满热情的人,无论做什么事情,都会怀着浓厚的兴趣,他也会因此而具有无穷的胆气和力量,从而建立出别人无法企及的功业。

我们知道拿破仑几乎征服了整个欧洲,他发动一场战役只需要两周的准备时间,很少有人能够做到。

拿破仑之所以能够领导军队如此迅速地完成战役,正是因为他那无与伦比的热情。战败的奥地利人被拿破仑创造的战争奇迹惊呆了,发出了"他们不是人,是会飞行的动物"的感慨。拿破仑对他的理想充满着把征服一切成为可能的激情。

拿破仑在第一次远征意大利的行动中仅仅用了 15 天时间就打了 6 场胜仗,缴获了 21 面军旗、55 门大炮,俘虏了一万余人,并占领了皮德蒙德。

拿破仑与他的士兵正是以这么一种根本不知道失败为何物的热情,从一个战场走向另一个战场,从一个胜利走向另一个胜利,他们差点改写了历史。

世界上任何一件在大多数人眼中看起来不可能实现的事情,都是在那些拥有高度热情的人的行动中变成现实的。这就是热情的魔力,它能让每一个拥有它的人明白这样一个道理:没有不可能完成的事情,只要你积极、乐观地去做了,即使果真是奇迹,也最终能成为真实的存在。尤其是在工作中,我们更要确信这一点。

在我国的历史上，有很多以少胜多、以弱胜强的战例，也都是因为热情的力量。

三国时，曹丕怕吴蜀联合对自己不利，便力排众议，用司马懿之言，御驾亲征东吴。消息传到江南六郡，举国一片哗然。此时，徐盛临危受命，以抗曹魏。两军隔岸对阵时，丁奉引三千人，驾小船去袭曹军侧翼。曹兵看到对方那么点儿的人竟然自不量力地来偷袭，觉得无疑是小虫撼大树，于是都指指点点，不作准备。当吴船快靠近曹军的阵地时，丁奉脱了身上的铠甲，捋起袖子光着膀子，手举大刀冲着部下高喊道："大丈夫，建功立业，名留后世，当在今日！"由于他的鼓动，部下群情激昂，都跟在他身后向着曹兵喊杀而去。曹兵见此，顿时阵脚大乱。而丁奉带领的这三千吴兵，如巨龙出水般在曹军阵地里翻江倒海。为此，曹丕不得不兵退三十里，不敢再和吴军隔江对阵。战后丁奉清点兵士，竟无一人损伤。

这一战事，尽管只是历史长河中的一小波澜，我们却不得不因此而赞叹热情的感召力。由于丁奉传递给他的士兵以热情的力量，从而使他的士兵爆发出一种大无畏的精神，也正是凭借着这样的精神，让曹兵不战而乱、未战先退。这虽然是千年前发生的事情，可对于现代不见硝烟的战场来说，对我们的教育意义还是很大的。

所以，在工作中，我们不能没有热情。失去热情之后的工作，就像一潭沉淀多年的死水，走近些都会觉得臭不可闻，更甭说去里面畅游了！因此，对于每一名身在职场的人来说，热情就如同生命。

启示语：

凭借热情，我们可以释放出潜在的巨大能量，发出一种坚强的个性；凭借热情，我们可以把枯燥乏味的工作变得生动有趣，使自己充满活力，进而使自己对事业迸发出一种狂热的追求。

热情是工作的动力

在美国钢铁大王卡内基的办公室里，挂着这样的一块牌子，上面写着他的座右铭：

你有信仰就年轻，
疑惑就年老；
有自信就年轻，
畏惧就年老；
有希望就年轻，
绝望就年老；
岁月使你皮肤起皱，
但是失去了热情，
就损伤了灵魂。

热情，就是工作的原动力。没有它，你所拥有的任何能力都难以发挥。我们可以毫不犹豫地说：人人身上都有许多尚未开发的领域。或许你有学问，有正确的判断力，有严密的推理能力，有惊人的综合力，不过，你一定要全身心地投入到思考和行动之中，否则没有一个人会知道自己是一个怎么样的人。

然而要全身心地投入到思考和行动之中，就必须拥有对工作的热情。正如卡内基办公室牌子上所写："失去了热情，就损伤了灵魂"。确实如此，对于每一个致力于成为成功人士的人来说，都应该牢记这句话。在各种成功的素质中，居于首位的，应该就是热情。可以说，一个对工作充满热情的人，无论从事什么样的工作，都会认为自己的工作是一项神圣的天职，并怀着深切的兴趣，不管遇到的困难有多么艰巨，他都会始终如一地用热情和负责任的态度去克服。而一旦抱有了这样的一种态度，任何人都将有获取成功的机会。

另外，热情是一种发自于内心，又深入内心的意志精神力量。它能将内心热烈的感觉表现出来，因此，当你对工作满怀热情的时候，工作就能吸引你的注意力，让你陶醉于工作之中。

美国微软集团每年都会在一些知名大学里招聘员工，那他们招聘员工的标准是什么呢？一位负责招聘的工作人员面对记者这样的提问时，说了这样一番话："我们愿意招收的人，首先应是一个非常热情的人，应该对工作热情，对技术热情，对公司热情，对同事热情。有时候在一个具体的工作岗位上，你们会觉得奇怪，怎么会招这么一个人，他的资历不深，年纪也不大，能胜任这个工作吗？其实，你只要和他谈过一次话，你就会受到他的感染，愿意给他一个机会，这就是他所怀有的热情导致的。"

还有这样一个故事：有三个工人，正在各自盖一间房子。

第一个工人没开始干多久，就不耐烦了，他在心里这样想："这房子反正也不是盖给我住的，费那么大的劲干吗"，于是他用了更快的速度，草草就把房子盖好了，房子看起来摇摇欲坠，似乎一阵风就能把它给吹塌了。

第二个工人也是做了几天就感到枯燥了，可是他并没有像第一个工人那样，迅速地把房子盖起来，他心里是这样想的："我既然收了别人的工钱，就有责任把房子盖好"，于是，他继续认真地干活，一丝不苟地完成了工作，他盖的房子看起来十分结实。

第三个工人干着干着就变得快乐起来，心里这样想道："盖房子真是一件美妙的事情，如果在房前种一些花草，房后再建一个园圃，一家人快快乐乐地住进来，多好啊！"于是他越想越高兴，不自禁地吹起了口哨，以更大的热情干了起来，并在房子上加了不少自己的创意。房子盖好之后，看起来美观又大方。

几年过去了，这三个工人的结局是不同的。第一个工人不久后失业了，现在正在找工作；第二个工人，一切都还是老样子，他仍然认认真真地做着自己的老本行；而第三个工人，却成了一位很有名气的建筑大师，经他手设计出来的房子独具风格、美轮美奂，很受人们的欢迎。

这三个工人，就是对工作抱有三种不同态度的人。用一种敷衍或者消极的态度来对待工作，永远不可能会做出什么像样的成绩来；只有把自己的全部热情和喜爱都注入工作之中，事情才会向着你想要的更美好的方向发展。

启示语：

热情是工作的灵魂。一个对工作没有热情的人，就不能把自己的注意力集中在工作上，更多的时候，他会像一个游离物一样，找不到自己的立足点，也就不可能做出什么成绩。

积极主动地工作

刘莉莉最初在一家小公司做销售工作,有了一些经验之后,她觉得这家公司已经不能满足她的发展需要了。由于出色的业绩,她很快就被一家大公司录用,但是在这里需要从底层做起。刘莉莉认为自己能做到销售总监的位置,于是,在别人拜访潜在客户的时候,她利用双倍的时间拜访更多,在别人完成了自己的销售任务就不再继续做的时候,她超额完成任务,还对客户进行了有效的分析,从销售的角度,给公司的产品提出很多建议,使公司产品不断得到改进,越来越受到客户的欢迎,业务也不断扩大,很快刘莉莉成了华南地区的大客户经理。

跟刘莉莉一起进入公司的同事很羡慕她所取得的成绩,但是刘莉莉并没有因此而满足,她的目标是销售总监。在接下来更加繁忙的工作中,刘莉莉多次主动和生产中心的同事沟通,对已经有很好销售市场的产品做了一个总体的评价规划,策划了一场以市场导向为主的商业推广会。会上很多客户和经销商都对公司的产品有了更加深刻的印象,订单像雪片一样源源飞来,不久,刘莉莉被破格提升为品牌总监,负责公司主要产品的销售和品牌建设。

刘莉莉的主动出击使她获得了更多成功的机会,也取得了更多的业绩。成功更青睐于这样的员工。

由此可见,一名员工,如果想在工作中做出优异的成就,就必须积极主动地做事,而不能一味地等着上司来给你分配工作。

在工作中要保持主动,让工作成为一种追求,而不是每天混日子。纵使面对缺乏挑战的工作,也需要自己找到快乐,自觉主动地去做,终能获得回报。

在你还是一名新员工的时候就开始养成自动自发工作的习惯,你的努力一定会被同事和上司发现。在工作中要相信自己的能力和努力,即使你的能力还不是最强的，但是只要认真负责地去做，每天都有所进步，过不了很久，就一定能做出成绩。

很多公司员工做事时没有雷厉风行的作风，一项工作布置下来，他们不是马上行动，而是先在那聊会儿天，讨论一下。在完成工作的过程中，没有严格的进度计划，能拖就拖，本该两个月完成的事情，半年以后才刚刚进行了一半。胡颖在一家保健品公司工作了三年多，公司的效率极低，上司大部分时间都在忙客户的事情，对于细节管理不太注意。虽然领导也注意到这样的问题，但是由于人手有限，拖沓工作，做私活的现象在公司各个部门都不同程度地存在。在这样的氛围中工作时间长了，起初觉得比较轻松，不久就发现被一种无聊的情绪代替了，胡颖觉得这样的工作方式严重影响到了自己，磨灭了自己身上的锐气。

很多不积极主动工作的人，在自己消极工作的同时还要为自己的懒惰找很多的理由和借口：抱怨上司对他们的积极工作视而不见，说上司太吝啬，付出再多也得不到相应的回报……没有谁一开始工作就能发挥全部潜能，同样地，也很少有人一开始就能拿到很高的薪水。因此，当你在努力付出，积极主动地工作时，一定要学会耐心等待，等待上司的信任和赏识，这样你才能得到重用，才能向更高的目标前进。

在摩托罗拉公司手机研发部工作的琼斯，最近一直比较郁闷，同事见他一副愁眉不展的样子，开玩笑地说："琼斯先生什么地方都好，就是太不知足了。作为咱们研发部门，只要完成公司下达的研发任务就可以了，这样薪水就比生产和销售的都多，应该高兴才是！"

另一个同事也说："研发方面，琼斯是专家，应付公司分配下来的任务绰绰有余，为什么还整天思虑重重的样子？"

琼斯说："我不是因为薪水的多少和任务是否能完成，而是觉得我们这样整天坐在办公室里，除了完成公司交给的任务，就什么都不做了。现在市场竞争这么激烈，我们能不能主动地做一些工作，给公司拿出一些新颖的创意来？"

尽管同事们都觉得摩托罗拉已经成为全球最大的手机开发商，完全没有必要担心市场激烈的竞争，琼斯还是暗下决心，要在完成公司任务的基础上努力工作，让摩托罗拉手机在自己的研发下有一个飞跃。

不久，琼斯就研发出了一款集音乐、视频观看、录像摄像于一体的多媒体手机，并且在市场上反响非常好。主管对于琼斯的积极主动行为很是赏识，过了没多久，琼斯就升了为研发部的总监助理。

琼斯在积极主动工作的过程中不仅实现了自身的价值，而且还得到了晋升的机会。更重要的是在工作的过程中，琼斯体会到了积极主动工作的快乐。

启示语：

积极肯干的人，无论做什么工作都能从中发现机会。积极主动地工作，即使你并不奢望能得到上司的肯定，知人善用的上司也肯定不会对你的积极视而不见。

怎样才能做到积极主动

很多时候我们的努力付出并没有被上司发现，也没有得到相应的回报，即使这样我们也没有必要沮丧。可以换一个角度想想，现在积极主动的工作，并不是为了即时的回报，而是为了将来更好的发展，是为了自己的能力不断地得到锻炼和提高。虽然薪水要努力多赚些，但是要把眼光放得长远一些，现在积极主动地工作不求回报，是为了未来获得更多的收入奠定基础。

美国钢铁大王卡内基曾经说过:“有两种人永远都会一事无成，一种是除非上司要求他去做，否则决不主动的人;一种是即使上司要求他去做，也做不好事情的人。那些不需要别人催促，就积极主动去做应做的事情，而不会半途而废的人一定会成功。这样的人懂得要求自己多付出一点点。”

对于积极主动的人来说，很多事情都是不用上司交代的。赵丹是一家杂志社的编辑，每到年终的时候，编辑部门都要针对一年的市场行情做专题，对一年的情况进行盘点。赵丹都是在部门的选题策划会召开之前，收集相关的资料，浏览同行业的年终盘点。

部门里还有一位同事，一到分配选题的时候，总编就头疼，这个同事跟赵丹完全不同，总是有很多问题要问，选题的侧重点是什么，请多少个名人合适，在哪里搞活动效果好……面对这样的下属，再有耐心的上司也会烦，这些本来都是应该下属发挥主观能动性自己去做的事情，却一遍又一遍喋喋不休地问领导。

每个上司都希望自己的员工能够积极主动地工作，而且是思考着去工作，而不是每一个细小的问题都要请示。对于领导布置的任务，说一点做一点，不说就干脆不做的员工，没有人会欣赏，更没有哪一个上司愿意招聘来的员工都是“电脑”员工，发个指令，按下电钮才会工作。只有那些灵活掌握上司意思，并充分发挥自身智慧和才能去工作的员工，才是企业上司真正需要的人。

大多数上司都不会要求员工主动工作，但是作为一名优秀的员工应该牢牢记住：上司聘你来工作，是要你为公司创造效益的，你应该时刻想着，用自己的才能和判断力，判断出公司和上司的需要，主动出击。

那么，我们应该怎样才能做到积极主动地去工作呢？

一、具备主人翁意识。

把公司当成自己的公司，公司的事情当成自己的事情，并为之尽心尽力。一个跟公司同患难共风雨的人，对公司就像是对自己的爱人和家庭一样尽心呵护。想使自己的家庭富裕美满，生活越来越好，作为家里的主人，他知道该怎么去努力为之付出。如果每一个员工都能像精心呵护自己的小家庭一样对待自己所属的公司，与公司荣辱与共，他肯定会为公司的发展积极工作，不用任何人的监督和督促。

二、摆正个人与公司的关系。

公司与个人的关系是大河和小河的关系，一荣俱荣，一损俱损。只有公司不断发展，你的薪水才能不断增加，如果公司这条大河里都没有了水，你这条小河又怎能水源充足，肥美滋润呢。因此要把自己的个人目标跟公司的目标统一起来，这样你才能积极主动地去工作。你对工作尽职尽责，公司的目标达到了，个人的职业目标也就会实现。否则的话，只注重自我追求，对工作敷衍了事，没有哪一个上司会信任这样的员工，这样的人迟早也会被淘汰，更别说实现个人的理想和抱负了。

三、具备敬业精神，积极主动工作。

前面已经说过敬业不仅是一种职业生存方式，还是一个人职业道德的表现，敬业要求员工尽心尽力地工作，积极主动，忠于职守。只有具备了这样一种精神，在工作中你才能做到积极主动。

启示语：

任何想在职场上做出成就的人，都需要有一种积极主动的态度。如果你对自己的要求比上司对你的期望更高，那么你就不用担心失去工作。积极主动地去工作，才能充分体现你在自己所在的公司、工作岗位上的价值，才能让你不断地得到加薪和升职。

因为热情所以才会做得更好

"有热情才能做得更好",事实上确实是这样的。我们常常听到好多人抱怨:"工作真辛苦！真希望一辈子不用工作。"工作是我们赖以生存的手段,也是我们得以实现自我价值的载体,世界上任何一个人都必须通过工作来生活。工作诚然是辛苦的,世界上也没有任何工作是不用付出便能有所收获的,要想做出一番成就来,就必须付出。其实,只要你能从事自己喜欢的工作,把工作当成一种乐趣,那么工作对你来说,就是一种快乐,这样你就不会感觉到辛苦。当你把工作当成一种乐趣,并用一辈子做它的时候,事实上你是在实现你的"兴趣",而不是在工作。

我有一个朋友,记得他大学毕业刚来到北京,可以说是身无分文,住的房子里面除了一张床、一个桌子之外,其他的什么东西也没有,平时的一日三餐都无法保障。他找了一份销售的工作,刚开始的时候一个月只能拿到几百元的底薪,认识他的人都劝他还不如换一份技术类的工作,这样工资也相对会高一些,可他却说:"我认为做销售更适合我,也更有前途,虽然现在生活是有些拮据,可这只是暂时的,等我的销售技巧熟练了,就一定可以拿高薪。"

后来的事实证明了他的决定是正确的,一年之后,他每个月拿到的工资已经是当初的5倍了,而且还升到了销售经理的位置,并且公司分给了他股份,他的前途可以说是一片光明。这个时候,他不无感慨地说:"幸亏那时我没有换其他的工作,如果换了的话,我肯定不会取得今天这样的成绩。其实,当时我坚持做销售的最主要原因还是我喜欢这样的工作,热爱才能做得更好,也才能成功!"

乔·吉拉德以连续12年平均每天销售6辆汽车的纪录荣登"吉斯尼世界纪录大全",并被称为世界上最伟大的推销员。人们都无不惊叹他何以能取得这样突出的成就？

有一次，有个人问他是干什么的，吉拉德说自己是汽车推销员。

听到回答后，对方不屑一顾："你是卖汽车的啊？"

乔·吉拉德听出了对方语气中的蔑视，于是大声说道："是啊，我以自己是个推销员为荣，我爱我的工作。"

《致加西亚的信》中的主人公罗文说，当他一穿上军服，浑身上下顿时就会充满无穷的力量，就仿佛一匹随时奔向草原的烈马：四肢有力，目光锐利，头脑活跃。一旦接受了某项任务，他就会全心全意地去完成，任何困难都难不倒他。因为他热爱这份工作，这就是理由。

在完成把信送给加西亚这项任务之前，他已经完成了几项看起来根本不可能完成的任务，这也就是中情局局长阿瑟·瓦格纳上校之所以会如此肯定地对总统说："如果有人能把信送给加西亚，那么这个人一定就是罗文。"

所以说，世界上任何成就的取得，都离不开热情这种具有魔法般功效的力量，而要使自己对某一件事情焕发出热情来，首先就必须对它有热爱之情。乔·吉拉德以自己是一个推销员为荣，罗文一穿上军装浑身就充满无穷的力量，也正是因此，他们才会取得别人望尘莫及的成就，完成别人认为根本不可能完成的任务。

有这样一个人，从出生的那一刻起，世界呈现在他眼前的就是一片漆黑。为了生存，他便继承了父亲的职业——花匠。

听人说花是五颜六色、姹紫嫣红的，可他却看不到这些，他只是在有空的时候，用指尖去轻轻地触摸着花朵，然后把鼻子凑过去小心地嗅一嗅花香。他在自己的心底里勾勒出了花的娇态，并给不同香味的花添上了不同的色彩。

他比任何一个人都更要爱花，每天都要给花浇水，隔一段时间还要拔草除虫。他手边总是准备着一把伞，下雨的时候就替花遮雨，太阳毒的时候就替花遮阳……他对花如此地呵护备至，使得很多人都觉得奇怪，仅仅是花而已，值得这么做吗？不过，他的花确实是全城里长得最好的。从这里经过的人，大老远就能闻到一股醉人的花香，于是人们也总会停下脚步来，欣赏一番满园的玫瑰、菊花、牡丹……五彩斑斓，每每让人流连忘返。

花匠也许是再普通不过的职业了，可盲人用自己的热爱和心血，让花长得分外娇艳。由此可见，任何一个人，只要真心热爱自己的事业，为之付出自己全部的热忱，就一定能够做出让人艳羡的成绩来。

启示语：

世界上任何事情的完成，任何成就的取得，都离不开热情这个具有魔力的因素。可是在很多人的身上，这个因素是隐藏着的，没有被激发出来，因此。激发热情最好的办法就是有一份自己喜欢的工作。

培养热情的态度

比尔·盖茨曾经说过:“当我还是少年时,我的朋友就教我许多有关电脑的知识,并鼓励我建立信心,我很幸运在我年轻时就发现了我的兴趣,而后,我如此着迷,至今仍是如此。”

世界上的事情就是这么神奇,你只有对某件事情发生兴趣,才会倾注自己全部的热情和精力去从事它,而你一旦这样做了,随之也就会取得骄人的成就。这就是兴趣的力量。很多伟大人物的成就之所以能亘古长明,就是因为他们把工作当成了一种兴趣。

对工作是否具有热情,这首先是一个态度问题。诚然,自己愿意从事的工作会让你具有热情,但那些自己不喜欢的工作也并非不能激发出你的热情来,只要你培养了热情的态度,而这也是做任何事情的必要条件。许多人对现在正从事的工作感觉到棘手甚至难以解决,并非是因为事情有多么难办,而是因为他们缺乏热情的态度。因此,要想让自己在工作中得心应手,并取得骄人的成绩,最迫切的就是培养起热情的态度,并在热情的引导下去处理那些你不感兴趣的事情。

俄亥俄州克里夫兰市的史坦·诺瓦克下班回到家里,发现他最小的儿子提姆又哭又叫地猛踢客厅的墙壁。小提姆过10天就要开始上幼儿园了,他不愿意去,就这样以示抗议。按照史坦平时的作风,他会把孩子赶回自己的卧室去,让孩子一个人在里面,并且告诉他最好还是听话去上幼儿园。由于已了解这种做法并不能使孩子欢欢喜喜地去幼儿园,史坦决定运用刚学到的知识:热情是一种重要的力量。

他坐下来想:“如果我是提姆的话,我怎么样才会乐意去上幼儿园?”他和太太列出所有提姆在幼儿园里可能会做的趣事,例如画画、唱歌、交新朋友等。然后他们就开始行动，史坦对这次行动作了生动的描绘："我们都在饭厅桌子上画起画来，我太太、另一个儿子鲍布和我自己，都觉得很有趣。没有多久，提姆就来偷看我们究竟在做什么，接着表示他也要画。'不行，你得先上幼儿园去学习怎样画。'爷我鼓起了全部热情，以他能够听懂的话，说出他在幼儿园中可能会获得的乐趣。第二天早晨，我起床后发现提姆坐在客厅的椅子上睡着了。'你怎么睡在这里呢？'我问。'我等着去上幼儿园，我不想迟到。'我们全家的热情已经激起了提姆心里对上幼儿园的渴望，而这一点是讨论或威胁、怒骂都不可能做到的。"

热情属于人的一种意识状态，当人处在这样的一种状态之下时，就能够使整个身心都充满活力，并采取积极的行动，进而使工作与生活不再显得辛苦、单调。另外，热情还可以感染到每一个和你有接触的人，让他们与你一起共同奋斗，创造美好未来。

一个热情的人，如同有神在他的心里。热情也就是内心的光辉——一种炙热的、精神的特质，如果将这种特质注入我们的奋斗之中，那么我们无论面对什么样的困难都将所向披靡，战无不胜。

因此，对于每一个追求成功的人来说，培养热情的态度是至关重要的。那么，我们该如何培养起自己的热情态度呢？

(1)制订一个明确的目标。

(2)清楚地列出你的目标、达到目标的计划，以及为了达到目标你愿意付出的代价。

(3)用强烈的欲望作为达到目标的后盾，使欲望变得狂热，让它成为你脑子中最重要的一件事。

(4)立即执行你的计划。

(5)正确而且坚定地照着计划去做。

(6)如果你遭遇到挫折，应再仔细地研究一下计划，必要时应加以修改，别因为怕失败就变更计划。

(7)断绝使你失去愉悦心情以及对你采取反对态度者的关系，务必使自己保持乐观。

(8)切勿在过完一天之后才发现一无所获。你应将热情培养成一种习惯，而习惯需要不断地培养。

(9)必须以达到既定目标的态度来推销自己,自我暗示是培养热情的有力力量。

(10)冤随时保持积极的心态。在充满恐惧、嫉妒、贪婪、怀疑、报复、仇恨、无耐性和拖延的世界里不可能出现热情,它需要积极的思想和态度。

我们每个人都不甘于默默无闻,都渴望自己的生命中能有火花迸现,最好燃烧成一团熊熊的烈火。那么,就让我们在工作中保持着热情的态度,它是我们获得成功的不二法门。

启示语:

热情是一个人因为对所从事的事情具有浓厚的兴趣,对事情的未来充满信心,而表现出的一种高度负责、全身心投入的情感。同时,热情还是一种积极、乐观、豁达的生活态度。

优秀员工都是主动者

有一句话是这样说的:“付出与回报总是相等的。”这句话想告诉我们的道理就是,当你付出的越多,你的回报才会越多。这不只是一个众所周知的因果法则,也是一个所有人都应该牢记的法则。

有些人在工作中,总是用一种平庸的心态来对待工作,他们通常认为自己的付出只要对得起从公司拿到的薪水就行了。他们不会主动加班,也不会积极主动地去完成工作,他们稍遇挫折就心灰意冷,总觉得这个社会欠自己太多。他们抱着平庸的态度去做事,结果也就以平庸收场。

所以说,要想达到事业的顶峰,你就必须具备积极主动、永争第一的态度,不管你做的是多么令人扫兴的工作。一个人对待工作有没有主动性、有没有追求完美的精神,对工作的影响是很大的。

下面我们来看一个例子。一家做电脑代理的公司,业务主管让三位员工去做同一件事:去了解一下最近的电子市场情况如何。

第一位员工 20 分钟就回到了公司,他对业务主管说,他去了最近的一家电子市场,他已经向该市场的一些店员询问了情况,接着就向业务主管汇报了他了解到的情况。

第二位员工 45 分钟后回到了公司,他在那个市场问了几个商店的员工,并且假装顾客做了一些调查。

第三位员工却在 5 个小时之后才回到公司,原来他不但去了前两位员工去的电子市场,还去了另外几家电子市场,并把每个市场的情况都一一做了记录。在回来的路上,他还去了家麦当劳餐厅,并在那里把情况做了记录才回到公司。

第三位员工的态度,向我们展现了一种积极主动的工作态度,而这种态度,也正是每一个追求成功的人应具有的人生态度。对于那些讲究主动,善于最大限度地挖掘自身潜力的员工来讲，注重自己并为公司做贡献乃是他们的必然选择。他们不会仅看到自己的工作，而是凭着一种超越的胸怀，树立自己的工作目标。他们非常看重自己应该承担的责任，并且常常会反省自问："我是否对我的人生有着更好的向往，我是否对我所在的公司做出贡献，这种贡献是否对企业的业绩和成果产生深远的影响？"

成大事者与庸人之间最大的区别就是，前者善于自我激励，有种自我推动的力量促使他去工作，并且敢于自我担当一切责任。成功的要诀就在于要对自己的行为做出切实的担当，没有人能够阻碍你的成功，但也没有人可以真正赋予你成功的原动力。

因此，我们不应该抱有"我必须为老板做什么"的想法，而应该多想想"我能为老板做什么"。一般人认为，忠实可靠、尽职尽责完成分配的任务就可以了，事实上这还远远不够，尤其是对于那些刚刚踏入社会的年轻人来说更是如此。要想取得成功，必须做得更多更好。

启示语：

世间的任何事都是公平的，积极的人会得到丰硕成果。学会积极主动地去工作，你就会发现你所有的工作都那么简单，如今的境况和以前已是那么不同，这就是积极主动的魔力。

第四章 >>>

有目标的员工

世界上最快乐的事，莫过于为理想而奋斗。哲学家告诉我们，“为善至乐”的乐，即是从道德中产生出来的，为理想而奋斗的人，就能获得这种快乐，因为理想的本质就是含有道德的价值。

——苏格拉底

成功源于梦想

任何一个人都需要拥有一个目标，只有在目标的指引下，我们才能走向成功。有了目标，我们就能有更大的干劲，更加持久的力量。

所以，拥有目标的好处在于，我们只有知道自己的目标在哪儿，才能走上正确的轨道，奔向正确的方向，并拥有强大的动力。有了目标，即使在做一件最微不足道的事情，也都会有其意义。在工作中，有的员工往往没有目标，因而使工作变得乏味，使生活也变得不再有意义。而有目标的人在工作中总是能够创造价值最大化，获得更长远的发展。

著名的哈佛商学院对于个人的人生目标，做了个实验。这是他们对一群青年人的人生目标的跟踪调查结果：

3%的人有十分清晰的长远目标，25年后发现这些人成为社会各界的精英、行业领袖；

10%的人有清晰但比较短期的目标，25年后成为各专业各领域事业有成的中产阶级；

60%的人只有模糊的目标，始终胸无大志、事业平平；

27%的人毫无目标，则是生活于底层，入不敷出。

由此可以看出目标对于我们来说是多么的重要，生活中有很多人没有确定的目标和抱负，没有规划合理的人生计划，而只是一天天地得过且过，我们不能不感到遗憾。在生活的海洋中，我们随处都可以看到这样一些年轻人，他们只是毫无目标地随波逐流，既没有固定的方向，也不知道停靠在何方，他们在浑浑噩噩中虚度了许多宝贵的时光。他们在做任何事时都不知道其意义的所在，他们只是被裹挟在拥挤的人流中被动前进。如果你问他们中的一个人打算做什么，他的抱负是什么，他会告诉你他自己也不知道到底要去做什么。他只是在那里漫无目的地等待机会，希望以此来改变生活，其结果只能是一场空。

目标不明确，行动起来也就有很大的盲目性，就有可能浪费时间和耽误前程。生活中有不少人，有些甚至是能力相当出众的人，就是由于确立的目标不明确、不具体而最终一事无成。

比如，一个人在青少年时期确定了要做一名科学家的目标，这样的目标就不是很明确。因为科学的门类很多，究竟要做哪一名学科的科学家，确定目标的人并不是很清楚，因而也就难以把握。

目标明确了，我们就能更好地与人沟通。想一想你见过或听说过的那些善于沟通的人吧。他们有一个共同特点就是能把复杂的事情用简单的语言清楚地表达出来。换言之，他们的思想有条理、有重点。这样，人们才能理解他们所说的话。制定目标也起着类似的作用，它能使我们对将来的种种成功构想有条理、有重点，我们向别人讲述时就容易说得清楚，别人也容易理解并提供支持。

试想，一个人没有目标，又如何到达终点呢？明确的目标能够对生活产生巨大的影响力。它使得我们的努力凝聚，并为我们的工作指明奋斗的方向，因而我们的每一步都稳健而有力，我们的每一步都是朝着目标前进。

有目标的人会义无反顾地前进，他们不畏艰辛地追求自己的人生理想，尽管他们所追求的理想有时难以实现，但他们还是认为只要树立了目标，本身就有一种吸引力，不顾一切地去奔赴。

拿破仑·希尔说："没有目标，任何事情不可能发生，任何步骤也不可能采取。如果一个人没有目标，就只能在人生的路途上徘徊，到不了任何地方。"生命本身就是一连串的目标。没有目标的生命，就像没有船长的船，这船永远只会在海中漂泊，不会到达彼岸。

迈克·约翰逊是美国短跑名将，他为了挑战人类体能极限，遭受了各种挫折，也曾历经两次奥林匹克运动会的失败。但他没有放弃自己成为世界冠军的目标，当他遇到重大挫折时，他会无数次地重复和努力，他相信自己能从失败中站起。

他在夺得亚特兰大奥运会400米赛跑冠军时，有位记者这样形容当时的精彩场面："当枪声响起，他如飞而去，不一会儿就把所有的选手甩在后面。他专心一意地注意跑道，观众的喧哗声似乎从他的耳中渐渐退去，其他的选手好像也不存在了，眼前只剩下他和脚下的跑道，心中有一个自然的节拍在运作着，他全神贯注在目标上。”

你不要认为只有特殊重要人物才会拥有目标，你永远无法超越平庸的角色。每个人都有梦想的权利，而目标就是我们要实现的梦想。

启示语：

没有目标，你就不会进步，也不可能采取任何实践的步骤。且不说人要有长期目标，就拿一件最简单的事来说：假如你在今天没有明确要做的事情，那么，你就会在今天无所事事，糊里糊涂地过完一整天，没有一点收获。同样，一个人如果没有目标，没有对人生的规划，那么，他这一生也会像这一天一样，没有任何收获。

确立自己的人生目标

一个人想要拥有一个理想完满的人生，就必须先确定一个清晰、明确的人生目标，要特别重视正确把握自己的目标和限定达到目标的期限。

像这样设定明确的目标是非常重要的。如果能正确地把握自己的目标，并在限定的期限达到目标，就能产生把自己的力量发挥到极致的意愿，进而为实现目标而全力以赴。

确立目标之前需要做深入细致的思考，要权衡各种利弊，考虑各种内外因素，从众多可供选择的目标中确立一个。一个人在某一个时期或一生中一般只能确立一个主要目标，目标过多会使人无所适从，应接不暇，忙于应付。

生活中一些人之所以没有什么成就，原因之一就是经常确立目标，经常变换目标，所谓"常立志"者就是这样一种人。许多人之所以在生活中一事无成，最根本原因在于他们不知道自己到底要做什么。

人生一世，没有目标，就等于失去行动的方向。这个道理再简单不过了，但为什么有很多人总是找不到自己的目标呢？原因之一就在于他缺乏确定自己目标的能力。那些成大事者，非常善于在行动之前，通过自己的思维和判断来找到一个适合自己能力发展的目标，因为在他们看来，找准目标就等于成功了一半。

大多数人在人世浮沉中，并不了解他们的未来是自己造就的，他们在工作中喜欢干到哪儿算哪儿，他们从来没有一个长远的计划和明确的目标。而少数有卓越成就的都是了解自己追求什么，并且有完整计划的人。这些人很清楚自己想要什么，而且知道要如何获取。所以说，一个人只有先有目标，才有成大事的希望、才有前进的方向。

某市作家协会里面都是一些很有才华的年轻诗人，其中有一个叫李菊的年轻女诗人，写了许多风花雪月、写景抒情的诗篇，可是她却很苦恼。因为，人们都不喜欢读她的诗。这到底是怎么一回事呢？难道是自己的诗写得不好吗？不，这不可能！她向来不怀疑自己在这方面的才能。于是，她去向作家协会主席请教。

那天市作协主席听了她的苦恼后，一句话也没说，把她领到一间小屋里，里面陈列着各种各样的名贵字画、书籍、古董收藏。市作协主席一句话没有说，直接打开了他房里的一个小柜子，从里面拿出了一个小盒，打开后，李菊看到的是一只式样特别精美的金壳怀表。这只怀表不仅式样精美，更奇异的是，它能清楚地显示出星象的运行、大海的潮汛，还能准确地标明月份和日期，唯一的缺点就是不能指示正确的时间。尽管这样，她还是感到特别的惊奇，她认为这是世上独一无二的，在市场上根本买不到，她非常喜欢。于是她问市作协主席，能不能卖给她，市作协主席微笑着对她说："不用了，我打算用这个换你手上的表，你看如果可以我们就换吧！"

李菊非常爽快地答应了，此后，她才回到正题继续问市作协主席如何看待她提出的问题。市作协主席还是什么话都没有说，到了最后只是对她说，你慢慢地体会这块表给你带来的意义吧！

李菊当时对这个回答非常满意，对于换了这块漂亮的表也非常高兴，她对这块表真是珍爱之极，吃饭、走路、睡觉都戴着它。可是，过了一段时间之后，李菊渐渐对这块表不满意起来。最后，她跑到市作协主席那里要求换回自己原来的那块普通的手表。市作协主席故作惊奇，问她对这样珍异的怀表还有什么不满意。

李菊遗憾地说："它不会指示时间，可表本来就是用来指示时间的。我带着它不知道时间，要它还有什么用处呢？有谁会来问我大海的潮汛和星象的运行呢？这表对我没有什么实际用处。"

市作协主席还是微微一笑，把表往桌上一放，意味深长地说："你应该记住：怎样给人们带来用处。"

李菊这时才恍然大悟，从心底里明白了这句话的深刻含义。

看到这个小故事，我想大家都应该明白了，如果一个人能做好自己应该做好的事，哪怕是一个地位低下的人，只要他心中有一个明确的目标，也会成为创造历史的人；一个心中没有目标的人，只能是个平凡的人。一个人只要有了目标，人生就会变得充满意义，一切似乎清晰、明朗地摆在自己的面前。

启示语：

一个人若是没有明确的目标，就不会有取得成功的希望。只有当我们树立了目标，并计划着如何实现它的时候，才可以把一个具体的目标看作是一条可行的道路，不论我们在这条道路中将会遇到何种困难，我们都会去克服。

找准自己的定位

在人生的旅途中，确定一个适合自己的目标、适合自己的职业非常重要。一定要选择适合自己的事业，选择本身就是机会，只有选择正确的目标才能取得最大的成功。人们开始比以往更多地考虑从为数众多的可能性中为自己选择人生发展的方向。这种选择的过程就是一个决策过程，是将个人特点与事业需求最大限度地相匹配的过程。就像世上没有完全相同的两片树叶一样，世上也没有完全相同的两个人。每个人都具有与众不同的特点，也总存在着一些更适于他做的事业。

很多人经营一种行业或做一种工作极为成功，但去经营新的行业或做另外一种工作却失败了。这是为什么呢？克里蒙特·斯通认为，这是因为他们凭经验得到技巧，在某一行业中爬升到顶端，但是进入了另一种行业后，他们却不愿意去寻求新行业所需要的新知识和新经验。同理，也是这种原因导致一个人在某一项事业中成功后在另一项事业中失败。

著名的生物学家珍妮·古多尔是一位非常善于自我定位的人，她清楚地知道，自己并没有过人的才智，但在研究野生动物方面，她有超人的毅力、浓厚的兴趣，而这正是干这一行所需要的。所以她没有去攻读数学、物理学，而是深入非洲森林里考察黑猩猩，终于成了一个有成就的科学家。

所以，每个人都应该努力根据自己的特长来设计自己、量力而行。根据自身所处的环境、条件，以及自己的才能、素质、兴趣等，确定主攻方向。不要埋怨环境与条件，应努力创造条件；不能坐等机会，要自己创造机会；拿出成果来，获得社会的承认，事情就会顺利一些。追求成功者不仅要善于观察世界，善于观察事物，也要善于观察自己，了解自己。

有一句谚语说得好：条条大道通罗马。我们每个人都有一条属于自己的路,这条路有许多不同的走法,只有找到你正确的行走路线,才能成功。

很多时候,我们所寻找的方法诀窍来之不易。有时我们历尽千辛万苦,极力找寻,却发现成功好像仍然遥遥无期。我们是就此止步,还是用积极的人生观激励自己再度进取呢?

如果你不相信自己能够做成一件从未有人做过的事,那么你就永远不会做成它。一旦你能觉悟到外力之不足,而把一切都寄托于自己内在的能力时,那就有希望了,觉悟要越早越好。不要怀疑自己的眼光,要相信你自己,施展你的才华。

能够带着你向自己的目标迈进的力量,就是蕴蓄在你的体内的你的才能、你的胆量、你的坚韧、你的决心、你的创造精神及你的品性中!

有这样的一种观点,它认为“每个人都能在任何事业上获得成功,每种工作都能由任何人做好。这种观点大家都知道是不成立的。很显然,一个患色盲症的人要成为画家是不可能的。另一种极端的观点认为,对于每个人来说,都存在着一种最佳的事业取向;对于每一种事业来说,都存在着一类最佳人选。这种观点也是不成立的。事实上,对于具有某种生理、心理特点的人来说,他都可能在若干事业上获得成功。例如,对于一个思维敏捷、长于言谈、性格外向、喜好与人交往、有感染力的人来说,他既可能在政治领域中获得成功,成为一位出色的政治家;他也可能在经济领域中获得成功,成为一位有名的企业家。对于某一种特定职业来说,也可能由具有非常不同的生理、心理特点的人来完成。例如,一个成功的军事家,既可能像苏沃洛夫那样具有暴躁、外向的性格,也可能像库图佐夫那样具有稳重、内向的性格。

因此可以这样认为,只有很少的人可以在几乎一切工作上都能得到满足,获得职业上的成功;只有很少的工作是几乎任何人都可以胜任的。即使是马路清扫这种几乎什么人都可以胜任的工作,也并不能给所有的人带来满足感。对于大多数人来说,总有一些事业更适合自己;对于大多数工作来说,也总有一些更适于承担之人。因此,为了获得人生的成功,我们有必要更多地了解和更准确地认识自己的心理特点,更多地了解自己的长处和短处。

不管是从事何种职业的人,都必须认识自己的潜能,确定最适合自己的发展方向,否则就很可能会埋没了自己的才能。

启示语：

人的兴趣尧才能尧素质等都是因人而异的。如果你不了解这一点，没能把自己的特长利用起来，而你从事的事业所需要的素质和才能正是你所缺乏的，那么，你将会自我埋没。反之，如果你有自知之明，善于设计自己，从事你最擅长的事业，你就可能获得成功。

成功路上的里程碑

成功人士总是事前决断，而不是事后补救。他们提前谋划，而不是等待别人的指示。他们不允许他人操控他们的工作进程。不事前谋划的人是不会成功的。例如《圣经》中的诺亚，他并没有等到洪水来到才开始制造他的方舟。

目标能帮助我们事前谋划，我们把要完成的任务分解成可行的步骤。要想制作一幅通向成功的蓝图，你就要先有目标。一个人确定的目标越远大，他取得的成就就越宏伟。远大的目标总是与远大的理想紧密结合在一起的，那些改变了历史面貌的伟人们，无一不是确立了远大的目标，这样的目标激励着他们时刻都在为理想而奋斗，结果他们成为名垂千古的伟人。

拿破仑·希尔在《思考与致富》一书中写道："一个人做什么事情都要有一个明确的目标，有了明确的目标便会有奋斗的方向。"这样一个常识性的问题看起来简单，其实具体到某一个人头上，并非就是那么容易。

目标，也就是既定的目的地，是我们理想中的终点。

在团队中，目标是告诉人们做什么事，做到什么程度。其结果是：用不着持续的教育和指导，就能完成此事。这颇像建筑物的设计图样和说明，能清楚地告诉建筑工人，做了多少事，还有多少事没有完成。

有理想、有追求、有上进心的人，一定都有一个明确的奋斗目标，他懂得自己活着是为了什么。因而他所有的努力，从整体上来说都能围绕一个比较长远的目标进行，他知道自己怎样做是正确的、有用的，否则就是做了无用功，浪费时间和生命。

相反，那些愚蠢的人，没有什么理想、追求、上进心的人，一生便没有什么目标。他同别人一样活着，但他从来没有想过活着有什么意义。这种人往往凭惯性盲目地活着，从来不追究人生的目的这种让人头疼的事情，他们只是为活着而活着,怎么都可以,对什么都无所谓。

显然,成功者总是那些有目标的人,鲜花和荣誉从来不会降临到那些没有目标的人头上。

许多人怀着羡慕、嫉妒的心情看待那些取得成功的人,总认为他们取得成功的原因是有外力相助,于是感叹自己的运气不好。殊不知,成功者取得成功的原因之一,就是由于确立了明确的目标。

费罗伦丝·查德威克是第一个游过英吉利海峡的女人。她曾经对那次游泳做出这样的解释:“我深深地记得,那是1952年7月4日清晨,当天加利福尼亚海岸笼罩在一片浓雾之中。那一年,我才34岁,那天,我如果游过去,那么我将是第一个游过这个海峡的好,可惜的是那一次我失败了。”

“那天早晨,海水冻得我的身体发麻,雾很大,我几乎看不见护送我的船。时间一小时一小时地过去,我一直不停地游。15个小时后,我又累又冷。我知道自己不能再游了,就叫人拉我上船。我的母亲和教练在另一条船上,他们都告诉我离海岸很近了,叫我不要放弃。但我朝海岸望去,除了茫茫大雾,什么也看不到。又过了几十分钟,我实在游不动了。当他们把我拉上船来,几个小时后,我渐渐暖和多了,这时却开始感到失败的打击,我不假思索地说:‘说实在的,我不是为自己找借口,如果当时我看见陆地,也许我能坚持下来。’”

“其实,那个时候,我离加州海岸只有半英里!但令我半途而废的不是疲劳,也不是寒冷,而是因为我在浓雾中看不到目标。就是因为我没有看到我的目标,所以我失败了,这也是我一生中唯一一次没有坚持到底。”

“不过,在两个月后,我成功地游过了同一个海峡,同时我还是第一个游过卡塔林纳海峡的女性,而且比男子的纪录还快两个小时。”

查德威克虽然是一个游泳好手,但她也需要有清楚的目标,才能激发持久的动力,才能坚持到底。

由此,我们可以看出,想获取成功,只有在有明确目标的情况下才能实现,没有一个明确的目标,永远看不见前方的路。

启示语：

目标是人生的指南针，指引着人们前进的脚步。然而，很多人的人生却没有目标，他们总是活在混沌和盲目之中，纵使耗尽精力，也跟成功无缘。人生没有目标，就好比一艘没有方向的油轮，在燃尽油料之后也无法抵达彼岸。由此，渴望成功的人应当养成确立目标的习惯，调整自己的步伐，向成功冲刺。

如何制定目标

没有目标的人注定不能成大事，但如果目标过大，我们应该学会把大目标分解成若干个具体的小目标，通过制定并实现年度目标、月目标、周目标，甚至日目标，提高我们的工作效率，使事业迈上一个新台阶。毕竟我们的奋斗目标是我们获得成功的路线图，它们会决定我们前进的方向，保证我们能够实现自己的目的。

很多人总是凭各种理由浪费金钱、时间以及精力，去从事所谓的“消除紧张情绪”的活动，而不是去从事“达到目标”的活动。他们每周辛勤工作，赚够了钱，在周末又把它们全部花掉。

也有很多人希望命运之风把他们吹进某个富裕而又神秘的港口。他们盼望在遥远未来的“某一天”退休，在“某地”一个美丽的小岛上过着无忧无虑的生活。倘若问他们将如何达到这个目标，他们总是回答说：一定会有办法的。

人生的总目标应该尽可能地远大，远大的目标才能产生持久的动力和热情。然而，需要注意的是，你的目标必须是具体的、可以实现的。如果你的目标计划不具体，无法衡量出能否实现，那么会降低你的积极性。因为向目标迈进是动力的源泉，如果你无法知道自己向目标前进了多少，你很可能会泄气，从而无法再坚持下去。那么，该怎样制定合适的目标呢？拿破仑·希尔的建议是：

- 目标应该是明确的；
- 目标应该是实际的；
- 目标应该是专一的；
- 目标应该是特定的；
- 目标应该是长期的；
- 目标应该是远大的。

拿破仑·希尔同样指出，制定目标并且朝目标不懈努力，可以帮助你把握住自己的命运，主要原因有以下10个：

(1)目标给了你生活中为之奋斗的目的和方向；

(2)目标给了你不要拖延的最好的理由；

(3)目标可以帮助你集中精力，朝着你选定的方向不懈地努力；

(4)目标可以激起你工作的热情；

(5)目标可以使你在其他人的帮助下，更有效率；

(6)目标能给你自己、你的老板和你生活中其他的人节省时间；

(7)目标可以有助于你挣钱和积攒钱财；

(8)目标可以帮助你以长远的观点来看问题；

(9)目标可以使你对自己有一个清醒的认识；

(10)冤目标是你制定新计划的基础，它可以帮助你抓住机遇，不断发展。

有人问过这样的一个问题："制定目标除了帮助自己得到成功，还能得到什么呢？"

答案就是：制订计划，除了能让你一步一步地走向成功，它最大的好处是有助于人们根据事情的轻重缓急安排工作。

虽然目标是朝向将来的，是有待实现的，但目标使我们能把握住现在。为什么呢？因为这样能把大的任务看成是由一连串小任务或小步骤组成的。要实现理想，就要制定并且达成一连串的目标。每个重大目标的实现都是一个个小目标、小步骤实现的结果。所以，如果你集中精力于当前的工作，心中明白你现在的种种努力都是为实现将来的目标铺路，那么你就能成功。

启示语：

一个人有了生活和奋斗的目标。也就产生了前进的动力。因而目标不仅是奋斗的方向，更是一种对自己的鞭策。有了目标，就有了热情尧有了积极性尧有了使命感和成就感。

定位决定地位

一个人,生存一世,如果没有好的定位,就没有宏大的目标,就做不成任何大事,要想取得辉煌的成就,就需要给自己一个恰当的定位。我记得拿破仑曾经说过这样一句话:“不想当将军的士兵永远不是个好士兵。”我们从中可以看出这句话所包含的意义,也就是说只有你把自己定位在将军的位置上,你才能有所追求而成为优秀的士兵,然后才有可能成为将军。现实当中也确实如此,如果我们把自己定位在一个好的方向,那么我们最终只要向着这个方向而行就可以了。

有一些心理学家为了帮助我们找到正确的心理定位,用了很多的测试工具,找准最佳的定位点。

在人生中有许多烦恼都是源自于我们盲目地和别人攀比,而忘了享受自己的生活,忘了找到自己的定位。在我们的奋斗过程中,我们同样会针对某些成功人士产生一种攀比心理,如果这种攀比心理超过了我们的自爱,我们就会不快乐,甚至轻生,我们将永远生活在人生的黑暗之中。

当然,只要我们有一个正确的定位,我们就会发现,我们自身还是充满力量的。正是因为我们身边有时缺少了欢笑,缺少了自律,我们才没有成功,如果我们身边多一些欢笑,多一些激励,我们就会走向成功。

福特先生小的时候在农场帮父亲干活。他 12 岁时,就在头脑中构想有一天能够用在路上行走的机器代替牲口和人力,而父亲和周围的人都说他是一个梦想家,只做一些不可能实现的梦。若他真的听从了父辈的安排选择其他职业,世间便少了一位伟大的工业家,但福特坚持自己可以成为一名机械师。于是他用 1 年的时间完成了其他人需要 3 年的机械师训练,随后又花了两年多时间研究蒸汽机原理,试图实现他的目标,但未获成功;后来他又投入到汽油机研究上来，每天都梦想制造一部汽车。他的创意被大发明家爱迪生所赏识，邀请他到底特律公司担任工程师。经过10年努力，在福特29岁时，他成功地制造了第一部汽车引擎。

通过以上所说的这些，大家应该知道了，一个人的成功在某种程度上取决于自我正确定位。我们在心目中把自己定位成什么样的人，我们就是什么样的人。因为定位能决定人生，定位能改变人生。

有一段名言这样说道："当我们发现自己身陷一个前景暗淡的处境时，我们就会迷失方向，就不会更加努力，用更长的时间、更多的精力来加以扭转，让生命白白地消失掉。一个真正的成功人士认为一个人的成功秘诀就是：一刻不停地拼命工作，把工作做得比别人好，名望和财富自然会来到自己身边。但对于我们平常人来说，这不是真实的成功秘诀，我们只有知道自己最喜欢什么和最擅长什么，才能对自己有一个合理的定位，才能做出合理的选择。如果我们选择了一条不适合自己的道路，走上了一个自己不适合的岗位，我们就不可能走向成功之路。"事实也确实如此。

某县在维修一条铁路，那天很热，一群工人正在铁路的路基上工作，这时候，一列缓缓开来的工作火车打断了他们的工作。火车停了下来，从上面下来了一个人："刘刚，是你吗？""是我，金宁，见到你真的很高兴，有什么事吗？"于是，刘刚和金宁就在这条铁路上进行了愉快的交谈。在长达一个多小时的愉快交谈之后，两人热情地握手道别。

刘刚的下属立刻包围了他，他们对于他是中铁铁路公司总裁的朋友这一点感到十分震惊。刘刚解释说，12年前他和金宁是在同一天开始为这条铁路工作的。

其中一个人半认真半开玩笑地问刘刚，为什么你现在仍在骄阳下工作，而金宁却成了总裁。刘刚惆怅地说："12年前我为1小时12元的薪水而工作，而金宁却是为这条铁路而工作。"

你们知道吗？在世界上被人们誉为"钢铁大王"的安德鲁·卡内基在33岁时就使自己建立的钢铁公司跃升为美国最大的钢铁公司。这是为什么呢？对于这点，他是这么说的："人生必须有目标，而赚钱是最坏的目标。没有一种偶像崇拜比崇拜财富更坏的了。"

其实，这不是说，工作可以不靠金钱来维持，更不是说，人们可以不靠金钱而生存,金钱应该是工作的回报,而且应该是工作得越好,金钱的回报越多。问题只是,当你把注意力由工作转向金钱之后,分散了对工作的专注,偏离了工作原来的目标。急功近利的做事态度,使人直接地奔向金钱,而无心顾及理想,更无暇完成理想。

反过来说,就算给自己定位了,如果定位不切实际,或者没有一种健康的心态,也不会取得成功。一位经常跳槽,最后一无所成的博士生这样感叹,如果能以对待孩子的耐心来对待工作,以对待婚姻的慎重来选择去留,事业也许会是另外一番样子。世界上没有全能奇才,我们充其量只能在一两个方面取得成功。在这个物竞天择的年代,只有凝聚全身的能量,朝着最适合自己的方向,专注地投入,才能成就一个卓越的自己。

启示语:

如果一个人没有自己的定位和远大的目标,没有任何行动,他永远也不会成功。

学会管理目标

确定目标不能太宽泛,应该确定在一个具体的点上。如同用放大镜聚焦阳光使一张纸燃烧,要把焦点对准纸片才能点燃。如果不停地移动放大镜,或者对不准焦点,都不能使纸片燃烧。

这如同建造一座大楼,图纸设计不能只是个大概样子,或者含糊不清,而必须在面积、结构、款式等等方面都具体标注。目标应该用具体的细节反映出来,否则就显得过于笼统而无法付诸实施。但是,我们所制定的目标也不能一成不变,我们要根据情况随时地调整实现目标的计划,公元 1 世纪有句欧洲格言:"不容许修改的计划是坏计划。"的确如此! 人生中有些事相当无奈:每个人在踏上新的征程时,都无法确切了解自己究竟该走向何方,也无法完全清楚究竟该如何达成目标。

我们应边走边学,假如愿意调整方向,则这些新学到的东西会颇有助益。除非我们踏上追求目标的奋斗旅程,否则有一些资讯永远无法加以处理。这些新资讯,在我们努力清扫路途障碍的过程中,才能绽放光芒,发挥作用。也唯有在我们朝梦想迈进时,才能从这些新资讯中解读出新的机会。有些东西远看眩目,趋近一看,却平平常常;有些东西远看似乎混沌,但愈靠近,愈见光彩照人。

人生旅程的景观一直在变化,向前跨进,就看到与当初不同的景观,再往前去,又是另一番新的景象。想要能够随时掌握人生目标的进度与方向,需要勤奋不懈以及持久的耐心。一个人的注意力很容易被分散,而一直不断包围着我们生活中的问题有时候会令人无法集中精神。等到我们明确知道自己身在何处时,我们的人生目标早已被遗忘,梦想早已被粉碎。因此无论是每日、每周或是每月,做一次确认方向的工作,都能够让人维持正确的方向,并且非常真实地给人激励,助人成长。

假设你最终的人生目标是在你的城市创造一个最大而且最成功的企业,随着岁月流逝,你的知识及经验都在不断增长,也许你会发现,早期的人生目标在不知不觉中扩展了!你所创立的企业现在不仅是全市而且是全国最大且最成功的企业了!

重点在于你所行进的方向。当失去这个方向的时候,问题将会接二连三地出现。例如:一个制造电器用品的公司,在连续几年之中,特别投入心力在某一个特殊产品的领域上,直到公司成为该产业的龙头。当该公司所生产的特殊产品不再为消费者所需求时,即是该公司应该结束的时候了!该公司的失败之处在于,将一个非永久需求的产品带进了一个有限的市场,整个企业的成与败都依赖这一产品。你千万不能将自己的目标局限在某一个可能随时会结束的方向上!应该选择一个方向,能够包容改变,并从改变中吸取经验,获得利益。不要让其他附属的或次要的目标影响或改变你最终的人生目标,它们的存在只是为了帮助你早日达成人生目标,不是来改变你人生的方向。

明确的目标是一件宝贵的工具,它是驱动一个人不断向上发展的原动力。所以,我们应该时时注意,当我们的目标追不上改变时,我们就要学会适当地去改变我们的目标计划,让我们能跟上社会的变化,从而避免被淘汰。

启示语:

在你人生的旅途中,附属的或次要的目标在一段时间之后可能会扩展甚至改变方向,也可能需要创造出新的目标或删掉一些不适宜的目标,但最终的目的只有一个,那就是要达成最终的人生目标。因此,在人生道路上前进时,要有调整方向的弹性。

第五章 >>>

具有团队思想的员工

不但要团结和自己意见相同的人，而且要善于团结那些和自己意见不同的人，还要善于团结那些反对过自己并且已被实践证明是犯了错误的人。

——毛泽东

做一个具有团队精神的员工

古希腊时期的塞浦路斯，那里有一座城堡，里面关着一群小矮人。传说他们是因为受到了可怕的诅咒而被关到了那个与世隔绝的地方。他们找不到任何人可以求助，没有粮食，没有水，7个小矮人越来越绝望。小矮人没有想到，这是神灵对他们的考验——关于团结、智慧、知识、合作的考验。

小矮人中，第一个收到守护神雅典娜托梦的是阿基米德。雅典娜告诉他，在这个城堡里，有26个房间，除了他们住的那间阴湿的储藏室以外，其他的25个房间里，只有1个房间里有一些蜂蜜和水够他们维持一段时间的；另外的24个房间里装的是石头，其中有240块玫瑰红的灵石，收集到这240块灵石，并把它们排成一个圈，可怕的咒语就会解除，他们就能逃离厄运，重回家园。

梦醒后，阿基米德迫不及待地把这个梦告诉了其他6个伙伴。可是只有爱丽斯和苏格拉底愿意和他一起努力。刚开始，爱丽斯想到要找木材，这样既能取暖又能照亮房间；苏格拉底想去找那个有食物的房子；阿基米德想快点把240块灵石找齐，好让咒语快点解除。3个人没有达成统一的意见，于是决定各自行动。但几天下来，他们都筋疲力尽，却没有任何结果，还遭到其他4个伙伴的嘲笑。

失败让阿基米德、爱丽斯和苏格拉底意识到：他们三个人应该团结在一起。于是他们决定先去找火种，再去找吃的，最后大家一起找灵石。这果然是一个很灵验的方法，很快，他们就在左边第二个房间里找到了木材和火源。紧接着，又找到了蜂蜜和水，最后，他们凑齐了240块灵石，解除了魔咒。

由此可见，团队的力量是无穷大的，在小时候我们也听过三个和尚的故事：有一个寺庙里住着一个和尚，他每天都要到山脚下挑水喝，却并不觉得累，过得非常惬意。不久后，寺庙里又来了一个和尚，他们通过协商，自觉地进行了分工合作,于是两个人去山脚下抬水来喝,每天过得也没什么烦恼。可是又过了一段时间之后,寺庙里来了第三个和尚,这时,矛盾出现了。没有一个和尚愿意去挑水,只能在寺庙里受渴。

如果我们把问题想得全面些:三个和尚采取分工合作的形式,交换着两个人一起去抬水或者是轮流一个人挑一天水,这样就能轻松地喝到甘甜的泉水了,也不会像以前那样累。三个人轮流挑水总比一个人挑水要省劲得多,何乐而不为呢?

所以,在做事情时,我们不能有骄矜之气。即使自己是团队的主力,也不要舍弃和他人的合作,众人齐心合力,才能创造出更多的财富。

一个企业,需要具备团队精神的员工,因为团队精神是团队中的每一个成员为了所共有的集体目标和利益联合在一起,相互合作,全心全意奋斗的精神和作风。这种精神是集体中的每个个体将自己的利益和集体的利益高度统一的表现,只有这样,大家才能实现最高的目标。

I + We = Full,这个公式是著名的心理学家荣格列出的。这个公式向我们表达出了这样一个含义:一个人只有把自己融入一个团队中,才能最大限度地实现自己的价值,这样的人生才是绚丽的人生。

团队精神对于一个团体、一个公司,甚至大到一个国家来说,它所显示的作用都是极其重要的。微软就是一个以团队精神著称的公司。他们在研发产品时,参与开发的众多工程师和测试人员,写出了 5000 万行代码,如果没有一个高度和谐与统一的团队精神,没有团队成员间的默契和合作,研发工程是很难完成的。微软公司内部的所有人员之间都强调合作的原则,也处处体现了合作的魅力。早期的微软产品主要由软件开发人员完成,强调独立性和思想性,因此,微软的特点是赋予每个人最大的发展空间。"责任到人",这表明公司非常重视人的作用,愿意给予员工充分的空间,发挥他们的最大作用和潜能。

当然了,那些不具备团队精神的公司,他们的状态也是大家有目共睹的。一项任务布置下来,员工并没有进行必要的沟通、交流,只是机械般地做事情,结果,工作成绩可想而知。

合作,要求我们不论从事什么样的工作或处于什么样的工作环境之中,都不能脱离与他人的合作。因此,在职业生涯中,尤其是在当前竞争日趋激烈的情况下,团队精神显得越来越重要了,可以说,现在已是一个团队协作的时代。

无论是从公司发展还是从个人发展的角度考虑，我们都不能脱离团队，而且必须融入团队中去。因为每个人都有自己的短处，只有与人合作，才可以用他人之长补自己之短，进而形成合力，更好地把工作完成。因此说，职场中的每一个人，都应该把团队精神贯彻到平常的行动中去，使之成为一种习惯，只有这样，才能更好地完善和发展自己。

启示语：

团队精神是一个团队理想的工作状态，也是高效团队的灵魂所在。因此，每一个企业都需要具备团队精神的员工。

主动去帮助同事

一个人不可能一辈子都不需要别人的帮助。和同事相处，不要抱着"万事不求人""万事不助人"的想法，当同事遇到了困难你却袖手旁观，使身处困境的同事因为得不到帮助而无法走出困境，那真是大错特错的做法。人都是有感情的，如果你在同事处于困境的时候，助他一臂之力，他会记得你的好。当你也遇到困难的时候，他一定也会帮助你。

假设一下，如果遇到困难的是你，你的困难同事又可以很轻易地帮你解决，却偏偏就不帮助你，对你不闻不问，你心里有何感想？你一定会埋怨甚至怨恨他。所以，当同事遇到了困难，你如果能帮助他，就一定要伸出援助的手，帮他渡过难关。老城隍庙有一副对联：行些善事，身正民安梦魂稳；做个好人，天知地鉴鬼神钦。这话说得非常有道理。一般来说，同事之间在一起工作，要默契配合，互相帮助。俗话说：以诚为本。无论做什么事情，必需的、最根本的前提就是真诚。

在和别人合作的时候，一定要讲究诚信。如果连起码的诚信都没有，别人怎么敢和你合作？现代职场，恐怕没有人愿意和一个不讲信用的人共事。同事之间相处也是一样的，如果一项工作需要彼此之间合作完成，就一定要互相信任、互相支持、互相帮助。

所有人的眼睛都是亮的，从你对工作的热情，你在工作时与同事合作的心态，可以看出你是一个什么样的人。如果你在和同事合作的时候没有诚意，假装真诚，一旦需要你出手相助时，你却耍手段，袖手旁观，为了自己的利益而坑害同事，总有一天大家都会讨厌你的。到那时，没有人会再相信你，当你有了困难的时候，也没有人会帮助你，你最终会让自己陷入孤立无援的境地。

同事有一些小事情需要你的帮忙，在力所能及、不违反原则的前提下，要热情地给予帮助。如果有人来电话找你的同事,而你的同事恰巧不在,这时,你可以先帮忙接下电话,对可以转告的内容要积极帮助转告;对不宜转告的内容,可将有人来过电话找他的事,设法告诉他。虽然这只是一些鸡毛蒜皮的小事,但是细节的地方,都能体现出你对同事的善意和友好。

如果大家都各自独立,自己只管自己的事情,那么我们的工作也很难做好。

有这样的一个故事:老张喜欢独来独往,从来不求人帮忙也不帮助别人,有一天他做了一个非常奇怪的梦,他梦见自己被带去天堂和地狱参观。在魔鬼掌管的地狱,所有的人都坐在华丽的酒桌旁,桌上摆满了丰盛的美食,看上去,情况并没有人们想象中那样糟糕。

但是,仔细观察一下,老张发现地狱里的人看起来无精打采,都很沉闷,人们脸上看不到笑容,也根本没有即将享受美食和狂欢的样子。坐在桌子旁边的人个个瘦得皮包骨头。老张发现每人的左臂都绑着一把叉,右臂捆着一把刀,刀和叉都有四尺长的把手,即使每一样食物都放在他们手边,他们也吃不到,因此地狱里的人一直在挨饿。

然后老张又被带去了天堂,情景跟地狱的完全一样——同样的食物、刀、叉与那些四尺长的把手。然而,天堂里的人都非常开心,在唱歌、欢笑。老张很是不解,为什么天堂和地狱里的人们一样的都有东西吃,可在地狱里的人都挨饿而且可怜,在天堂的人却吃得很好而且很快乐。

看了一会儿,老张终于找到了答案。在地狱里的每个人都试图喂自己食物,可是刀和叉子上四尺长的柄,让这件本来简单的事情变得根本不可能。而在天堂里,每一个人都尽力喂对面的人,彼此协助,互相帮助,因此每个人都轻松地吃到了美味食物。

这时候老张突然惊醒过来,回忆刚才的梦境,老张发现:帮助别人自己才能得到帮助。只要你帮助其他人获得他们需要的东西,你就能因此而得到你想要的东西,你帮助的人越多,你得到的也就越多。“各扫门前雪”的自私想法是最要不得的,只要偶尔地表示出你对同事的关心以及提供力所能及的帮助,你就会得到同样的回报,你帮助同事渡过难关,在你需要帮助的时候。别人才会毫不犹豫的伸出援助之手。

这简单的做法听起来很简单,却并不是每个人都能做到的。所以只要你去做,将来你的发展自然也会跟别人不同。

我们最初参加工作的时候，初到一个新单位都会有这样的感受：那些老的员工，对新来的人大多态度冷漠，不愿给予帮助，所谓“欺生”。是人不自觉中对后来者的一种排斥心理。

如果你是个资深的员工，尽管你的经验丰富、能力很强，但是对于新来的、比自己年轻的同事也难免有欺生的心理。其实大可不必，拒绝给予新同事帮助，只能说明你的不自信。或许新来的同事是聪明伶俐、勤奋肯干的后起之秀，但你也要坚定地相信自己的实力。自己在公司的资历、优势，不是一个新来的人一两次的表现就能取代得了的。热心地帮助他们，在你需要帮助的时候才能得到他们的帮助。

和同事友好相处，给同事关心，让同事感觉到你的友好，这有利于巩固你和同事之间的良好关系。这不但为自己无法预测的将来寻求了一个保障，还进一步完善了自己的工作环境。

启示语：

当同事遇到困难的时候，你急人所难，伸出友谊之手，主动帮助，表达自己的关心，这样能获得同事的尊重和友爱。

合作第一

团队目标对于我们处理个人发展与公司发展关系的问题很有益处。以一种事业心来干事,也就是真正把个人的发展融入公司的发展当中去了。当公司发展壮大了,你会发现自己自然而然地得到了相应的回报。

在工作中,当某个个体在为团队共同的目标奋斗时,他当然希望团队的其他成员也能像他一样努力工作。如果其他人并没有为目标的实现贡献力量,整个团队的工作进展就会滞后,个体和团体的利益也会受到影响。

团队中的每一个成员都要树立团队目标至上的信念,只有整个团队的目标达到了,团队的业绩提高了,自己才能获得最大的利益,才能最大限度地实现人生价值。因此,在日常工作中,我们要加强与团队成员的沟通与合作,充分整合各种资源,不断增强自己的责任感和使命感,进而不断提高团队意识,服从团队目标。

只有团队成员心中有了团队利益至上的意识,大家才能在工作中积极地与各个成员配合,充分发挥成员的创造性思维,创造出更多的财富。一个没有团队意识的员工,很难在工作中创造出卓越的成绩,即使非常有才华,单枪匹马也难以成事,成功需要很多人一起努力。

相比其他动物来说,人除了发达的大脑,在速度和力量方面并不具备优势。但是,人们依靠自己的智力,组成了团队,以抵御强敌并获得生存的空间。这就是自然选择的结果,而这种组合既顺应了自然规律,也改变了人的生存状态,使得人类成为地球上的主宰者。我们可以看到,团队的力量是强大的,一旦人与人组合在一起,就会产生战胜一切的强大力量。有了共同的目标,就有了行为的标准,也就不会为工作中跟他人的摩擦而耿耿于怀,大家真正能做到精诚团结,协同作战,才能建设有极强凝聚力的公司形象。

在集体利益和个人利益面前，应该先顾及前者。集体中的个体互相依存才能共同生存和发展，成员之间的竞争是允许的，也是应该的。但任何人都不应该为了一己私利，置他人利益于不顾。这样不但不利于集体的发展，更不利于个人的进步。树立团队意识，在团队需要的时候让步，是每个成员的职责所在。只有这样，团队才会更加强大，个人也才能够在强大的团队中稳步前进。

不可否认，合作已经成为一种重要的工作模式，这是必然趋势，我们发现，很多成熟的公司在招聘员工时，都要考察新员工是否能够快速地融入企业文化里，和其他同事愉快合作。做事情必须找到最有效、最合适的方法，与同事合作就是这样的方法。任何一家公司的老板，都希望员工能精诚团结，员工也愿意在一个愉快的工作环境中工作，合作便因此成为人力资源合理分配的表现，每个人都能在互相帮助和合作中获得发展，公司收获了利润，也增强了团队的凝聚力。

启示语：

一个具有合作精神的团队是难以战胜的，每个成员之间的互助和互动，使得团队具有生命力，所以，每一个成员都有义务和责任来维护团队共同的利益，实现价值的最大化。

学会宽容

处处宽容别人，绝不是软弱，在职场中，学会宽容，你才能如鱼得水，在良好的同事关系中把工作做得更好。

宽容是一种为人的修养和美好品质，宽容意味着理解和大度，是建立融洽人际关系不可缺少的催化剂。雨果说过：世界上最宽阔的是海洋，比海洋宽阔的是天空，比天空更宽阔的是人的胸怀。如果你用这种宽容的心胸与同事相处，同事之间的交往，即使发生了矛盾。也能“相逢一笑泯恩仇”。

戴尔·卡耐基在电视台工作的时候，在一次节目中向观众介绍世界名著《小妇人》的作者。由于一时疏忽，说错了作者的出生地。有一位观众在节目过后给卡耐基写信骂他，把卡耐基骂得一无是处。卡耐基当时非常生气，也想回信告诉这位观众，自己是把作者的出生地说错了，但是还从来没遇到过像她这样无礼粗俗的女人。但是卡耐基及时控制了自己的这种冲动，站在观众的角度想，如果自己是观众的话，也可能像她一样愤怒。于是卡耐基打电话给这位观众，再三地向她承认自己的错误并且道歉，这位观众看到卡耐基如此大度，也马上对自己的恶劣态度表示了歉意，并表示非常敬佩卡耐基的做法，希望以后能看到他主持的更多节目。

我们在工作中跟同事相处，对人对事也应该有一种宽容的心态，所谓的宰相肚里能撑船，就是告诉人们不要斤斤计较，要对生活豁达些，对同事包容些。

古代就有一位这样大度包容的老禅师。一天晚上，老禅师在禅院里散步，忽然看见墙角边有一个凳子，他一看便知道有位出家人违反寺规翻墙去外面闲逛了。老禅师没有声张，走到墙边，移开凳子，蹲在凳子的位置。不一会儿，就见一个小和尚翻墙，黑暗中小和尚踩着老禅师的背脊跳进了院子。当他双脚落地时，惊讶发现刚才踏的不是凳子，而是自己的师父。小和尚顿时惊慌失措，张口结舌。然而出乎小和尚意料的是师父并没有严厉地责备他，而是以平静的语调说："夜深天凉，快去多穿一件衣服吧。"从那之后小和尚再也没有私自外出过。

一个人在犯错误的时候，通常自己都是非常清楚的，犯错误的人本来心里就已经有悔意，你再对他严加指责，并不一定能达到使其改正的效果。在职场中，要能包容别人的错误，谁都可能犯错，只要知错改正，就没有必要再抓住对方的错误不放。

有人说宽容是软弱的象征，是因为一个人没有能力去反抗或者批评的时候才会去包容，其实，宽容是一种修养。

宽容地对待自己，就是心平气和地工作、生活。这种心境是充实自己的良好状态。宽容地对待同事，就是大事重视，小错忽略。鸡毛蒜皮的小事，能宽容就宽容。

如果一句话说错，就遭打击；一件事情做得唐突，就种下祸根；一个坏印象，便一辈子倒霉，这就不是宽容。真正的宽容，应该是能容人之短，又能容人之长。

宽容的过程也是互补的过程。别人有此过失，若能予以正视，并以适当的方法给予批评和帮助，便可避免大错，自己也长见识。自己有了过失，亦不必灰心丧气，一蹶不振，同样也应该吸取教训，引以为戒，取人之长，补己之短，重新扬起工作和生活的风帆。

启示语：

宽容，对人对己都可成为一种无须投资便能获得的精神补品。学会宽容不仅有益于身心健康。且能赢得同事的友谊，包容身边的同事，你也才有可能被同事包容。

融洽地与老板相处

有一个叫王检的年轻人,大学毕业,在一家大公司找到了一份管理公司后勤方面的工作。但是不幸的是,他碰到了一位很难相处的顶头上司。工作了半年,吃了很多苦头,这让他极为苦恼,甚至多次到人事部门要求换工作。但是人事部门说,工作未满一年,换岗位的话必须经原来部门负责人的同意。他去找那位很难相处的顶头上司,上司却说:"你还没有为我工作满一年,我不能推荐你。"王检无计可施,放弃公司又有点舍不得,只好继续做下去。

在职场上,很多人都有像王检这样的经历和感觉,就是不知道该如何与上司相处,尤其是面对一位难以相处的上司。那么,该如何改善和上司的关系呢?

第一,成为上司的倾听者。

其实在公司里,最寂寞的就是上司。尤其是在大公司中,往往是职位越高,能与之交流工作感受的人就越少。如果已经做到上司的位置上,除了亲戚朋友,手下的员工所说的话大部分都是恭维之词。但是,人都是需要朋友的,尤其是每天见面能听听自己抱怨与烦恼的朋友。没有人能长期不与任何人谈心,还能坚持工作。所以,不论上司是怎样的一个人,也不论他的权利大小,都需要有一两个他们信赖的下属,让他们能自在地说出自己的想法。

第二,不要与上司关系过密。

上司与员工的大目标和方向是一致的,都希望公司能很好地发展,但是上司毕竟是上司,如果你经常需要在上司身边出现,说话办事一定要谨慎,所谓的言多语失,尤其是在上司身边,你更需要注意你的言行。就如同跟朋友相处需要一定的距离一样,你与上司之间更是不可能无话不谈,如果你什么都不假思索地告诉上司,一些细节的地方很可能会惹上司不喜欢。最好的状态就是当上司需要你的时候能尽快及时地出现在上司面前,当上司想有个人的思考空间时,你又能适时地疏远,走开。

第三，要帮助上司掌握信息。

成功的上司不可能在后脑勺上长眼睛，他们需要有一些忠诚的员工为他们眼观六路，耳听八方。你从小道消息中听到的，在报纸上读到的，或从一个熟人那里听说的，只要是对上司有所帮助，都可以告诉他。源源不断地供应给上司各种有价值的信息，这样你对于上司来说会变得不可缺少。

你手中的工作或管理的项目，都要让上司知道。你负责的事出了问题，更要让上司在第一时间了解，并且与他探讨如何解决的方案。帮助他有效地安排时间。永远在有准备的情况下进入上司的办公室。

第四，不要低估你的上司。

上司有权雇佣员工，就有权开除员工，你没有权利和资格要求上司适应你的态度与价值观。而你必须努力工作来适应上司，否则就该准备卷铺盖走人了。

郑丽是一家保健品公司的策划销售人员。上司是一个能力很有限的人，可是对于她的一些很有创意的想法却总是不支持。有一次因为一些销售运输上的问题，郑丽去找上司说出了自己的计划，谁知上司一副爱理不理的样子，过了好久才说："既然你这么有能力，那你来坐我的位置怎么样？"

上司觉得郑丽太有个性了，后来就把项目都交给别的人去处理了。郑丽的问题在于低估了上司的权威和能力，沟通上的失败导致了她工作的不顺利。

后来，在一次同事的聚会上，郑丽很谦虚地和上司交谈，以一种学习者的身份来说话，很有引导性地发表了自己的一些观点，使得上司对她的计划很赞赏，郑丽的事业也蒸蒸日上。

启示语：

一个聪明的员工在工作中总是努力去适应老板的做事方式，并努力尊重老板的决定，他们从来不在工作中与老板针锋相对。

让同事都喜欢你

有一次,小张到一个性格极其古怪的富人家里,希望在他那儿得到一些很有用的资料。在小张去之前,朋友对小张说这个富人非常难处,脾气坏极了,让小张不要去找他,可小张却想:也许我有办法让他喜欢上我呢?于是他找到许多关于这个富人的资料,也知道这位富人很喜欢种兰花。

那天,小张到了富人那里,一开始小张把他的目的说给富人听,但是富人一点都不配合,有一种要把小张赶出去的意思。小张很知趣,向他告辞以后就打算走了,富人也跟小张一起出来,当走到花园时,小张指着花园里的花对他说:"我好多次都看到你种的兰花得到大奖,你很了不起,别人种一个品种都很难存活,但是你却种了许多品种,而且种出来的都是最优秀的兰花。"

富人听到小张的话,非常高兴,于是让小张等会儿再走,他想带小张看看他的花室。在花室里,富人高兴地给小张讲解兰花的品种和各种兰花的种植方法,一聊就是一个多小时。最后,富人积极地整理出小张需要的资料,而且送给小张一株很好的兰花,也送了小张许多种植兰花的资料。就这样,小张通过欣赏富人的爱好而得到了他的认可,也得到了他的欣赏。在后来的日子里,小张和这位富人一直都保持着很好的关系,每年这位富人都会送小张一些其他品种的花。

是啊,每个人心中都有被别人欣赏的渴望,一旦别人帮助你实现了或让你体验到了这种感觉,你一定会对他感激不尽。

同样的,在工作中与同事处理好关系,可以让你得到一个好的工作环境。其实,与同事处理好关系,就是让大家都喜欢你。在这个世界上,没有谁会无缘无故地喜欢别人,那么如何才能受到他人的欢迎呢?

其实,要取得他们的喜欢,首先要学会给别人留有余地,不是有句话这样说——送人玫瑰，手有余香。是啊，给他人方便，也就是给自己方便。我们也可以这样理解：一是给别人留余地，无论在什么情况下，都不要把别人推向绝路，做事留一线，日后好相见，如果把人逼于死地，就会迫使对方做出极端的反抗，这样一来，事情的结果对彼此都没有好处；二是给自己留余地，让自己行不至绝处，言不至极端，有进有退，使自己在生活或工作中都能进退自如。

其次，对他人的欣赏也会得到他们的喜欢。我有一个朋友，他和房东的关系非常好，别人的房租都是400元以上，但是他的房租才200元，这只是房东象征性的收取。

为什么会这样呢？这就是他得到房东喜欢的结果。

其实，朋友的房东是一个非常难缠的老人，他这种难缠的脾气都是孤独所造成的，这也成为朋友让其喜欢的一个突破口。有一天，朋友要交房租了，当房东去的时候，他在房间里东摸摸，西看看，并对房东说他十分喜欢这间房子，并不断地称赞房东管理有方，说房东是一个很和善的人，只是他还没有发现房东和善的一面罢了，还表示很愿意再住几年，只是没有办法，因为房租实在负担不起。

房东听了朋友所说的这些话，受宠若惊，因为他还从来没见过一个房客对他如此热情。慢慢地，朋友和房东就谈开了，房东开始诉说他自己的苦衷，说他很孤独，没有人陪他说话，他也不想让人说他不好，他试着改变过等等。朋友和房东一聊就是一个上午。第二天，房东一大早就来到了朋友住的房屋，他对朋友说，可以把房租减到200元一个月，希望我的朋友能在这儿继续住下去。

是啊，任何人内心都有一种渴望，希望被别人喜欢和欣赏。亲人、朋友、老板、员工、同事间都需要诚心地欣赏对方，当你真心地喜欢他人时，他也一定会喜欢你、欣赏你，你也会获得一种深深的满足感。

最后，赞美也是一种获取他人喜欢的途径。赞美是温暖人们心灵的阳光。但是，我们大部分的人都把这种阳光丢在了阴暗的角落里，总是把寒风吹向别人，不愿意施舍一点阳光分享给自己身边的人。

在我们与他人交往的过程中，适当地赞美对方，会增强彼此间的和谐、温暖和美好的感情。丘吉尔说过一句话："你要别人具有怎样的优点，你就要怎样地去赞美他。"当然，任何一个人对他人的赞美都不可以夸大其词，应该做到实事求是、真诚而不虚伪，只有这样才会使对方的行为更加规范。另外受到赞美的人，还会把你所赞美的地方或优点更加努力地去做到更好。

所以，在与人交往时，你需要让别人知道你的价值，需要别人的认同，需要受到重视，那么，你也必须让你遇到的每个人都备感自己的重要。

启示语：

任何一个人，如果只知道关心自己，对别人的利益视而不见，那么，他就很难成为一个被他人喜欢的人，这样在生活中尧工作中也将很难得到他人真心地帮助。

处理好和同事的关系

处理好与同事的关系在我们的生活中是很重要的，我们可以算算和同事相处的时间，就能知道这是为什么了。说实话，除去睡觉的时间，我们的大部分时间都用来和同事相处了，所以，在工作中怎样巧妙地和同事相处就是一个非常重要，也非常棘手的问题。

和同事处理好关系，不仅是你得到一个良好工作环境的首要条件，还是你今后获取升职所必需的条件。试想，如果你与你的同事关系不好，当你升职后，作为你下属的同事对你的命令不服从、不配合，将会给你的工作带来多大的麻烦，甚至会影响到公司的正常运行。

在这样的情况下，你不仅要适应工作的变动，而且当面对更繁琐和更有难度的工作时压力就会更大，还要来解决人事问题，岂不是很累。要是能处理好，那就皆大欢喜，可是，冰冻三尺，非一日之寒，你平时没有处理好关系，现在升迁了再来维护，就是一件难上加难的事情了。假使你处理不好，那么，你的老板就会对你抱有怀疑，他会认为你无法得到下属的承认，影响工作的进度，对你的印象就会大打折扣！所以，还没有升迁的你，就应该重视起这个问题，不要让同事关系的紧张影响到你的工作，从这个角度来说，有一个融洽的人事关系会给你在升迁的过程中和升迁后的工作加分。

有的人可能会觉得同事关系是一个非常令人头疼的问题，这不假，这就是我前面所说的棘手的原因，为什么说它棘手呢？因为人和人之间的关系最为复杂，普通朋友的交往中也会有这样那样的问题，更何况是同事之间呢，因为同事之间有竞争，这种关系就更为复杂了一层。但是，我们就是要把这种棘手的问题解决，人事关系要说复杂也复杂，要说简单也简单，关键就是要看怎么样巧妙地处理。我所说的简单，并不是要去刻意地讨好同事，或者是去拍领导的马屁，那样的人不只不让人喜欢，恰恰是最令人讨厌的。其实，最真实的就是最简单的，表现最真实的自己，不虚伪造作，不炫耀自己，同时要有一个健康的人格，诚实、热情、真心地去帮助别人，这样的人不仅不用花时间去考虑人事问题，还能得到同事的赞赏。

另外，还需要注意说话的技巧，很多人在公司得不到进一步的提升，很大一部分原因就是没有管好自己的嘴，说话不知道轻重，爱在背后议论领导和同事，有些时候，自己的嘴巴会给自己惹来不少的麻烦。那么，怎样才能不让嘴巴犯错呢？

第一，不论什么场合，随便乱说话是不妥的，应该说的话则说，不应该说的话绝对不能说，说话要多加思考，不能信口开河，不知深浅，没有轻重。

第二，不要在背后议论领导、同事。我认为这也是在与同事相处时最应该注意的一点，因为这样被“小人”利用后不仅伤害他人，也给自己带来很大的烦恼。

所以，要想把同事关系变得简单，那自己就得是一个简简单单的人，简简单单并不一定是头脑简单，而是一种简单的做人处事方法，只要把握好原则，就不会被人事关系所累。

启示语：

一个员工只有具备了团结合作的精神，才能持久地让自己在集体中处于领先，成为一名优秀的员工。

第六章 >>>

懂得工作的员工

对大多数人来说，工作不仅仅是一种必需，它还是人们生活的焦点，是他们的个性和创造的源泉。

——塞尔斯

懂得工作的员工才是优秀的员工

成大事者与庸人之间最大的区别就是，前者善于自我激励，有种自我推动的力量促使他去工作，并且敢于自我担当一切责任。成功的要诀就在于要对自己的行为做出切实的担当，没有人能够阻碍你的成功，但也没有人可以真正赋予你成功的原动力。

有一句话是这样说的："付出与回报总是相等的。"这句话想告诉我们的道理就是，当你付出的越多时，你的回报才会越多。这不只是一个众所周知的因果规律，也是一个所有人都应该牢记的法则。

有些人在工作中，总是用一种平庸的心态来对待工作，他们通常认为自己的付出只要对得起从公司拿到的薪水就行了。他们不会主动加班，也不会积极主动地去完成工作，他们稍遇挫折就心灰意冷，总觉得这个社会欠他太多。他们总是抱着平庸的态度去做事，结果也就以平庸收场。

所以说，要想达到事业的顶峰，你就须具备积极主动、永争第一的品质，不管你做的是多么令人扫兴的工作。一个人对待工作时有没有主动性、有没有追求完美的精神，对工作的影响是很大的。

因此，我们不应该抱有"我必须为老板做什么"的想法，而应该多想想"我能为老板做些什么"。一般人认为，忠实可靠、尽职尽责完成分配的任务就可以了，事实上这还远远不够，尤其是对于那些刚刚踏入社会的年轻人来说更是如此。要想取得成功，必须做得更多更好。

启示语：

生活中的每一件事都是公平的。积极的人会得到积极所带来的丰硕成果。学会积极主动地去工作,你就会发现你所有的工作都那么简单,如今的境况和以前已是那么不同,这就是积极主动的魔力。

别把小事丢到一边

任何一件小事都有它存在的道理，当你接受一件小的任务时，不要高傲自大，也不要怨天尤人，应该全力以赴、认真负责地对待，只有这样才能获取更多机会，才有可能获得成功。

“泰山不择细土故能成其大，江河不择细流故能就其深”。这句话告诉我们的是什么意思呢？其实，这句话就是告诉我们，小事是构成大事的根本，没有小事，就成不了大事。

“工作中无小事。”这是许多成功者留给后来人的一句忠告。它告诉我们，所有的成功者与我们一样，每天都在为一些小事全力以赴，唯一的区别就是他们从不认为自己所做的事是简单的小事，他们认为，细微之处见精神，有做小事的精神，才能产生做大事的气魄。

相反，那些失败者做事只看大，对小事往往不屑一顾，对于细节更是匆匆而过。他们，总是这样认为，“成大事者不拘小节”。然而这些人的结果都大致相同，他们小事不愿做，大事做不了，于是，只能感叹自己“心比天高，命比纸薄”。因此，我们在这里强调要“大处着眼，小处着手”。

有许多刚从学校毕业的青年大学生，在他心里想的只有当白领，进跨国公司，打工只是他们职场的一小步而已。这些身怀绝技，并胸怀大志的青年人，总是一心想做大事，企图一口吃个胖子，企图一步登天，结果没有吃成胖子，却噎了自己；没有登天，却摔了自己。这是为什么呢？原因很简单，他们把那些小事统统都放弃了，他们总是认为自己有着深厚的学识，做那些小事只是浪费时间，只有做大事才能发挥自己更多的潜能与知识。正是因为这样，他们得到的常常只有失败。

所以，不要对那些不起眼的小事置之不理，如果认为它们小而不重视它们，甚至放弃它们，那么，在人生旅途上你将无法平稳地前进。人生的成功起始于小事，小事做不好也必然难成大事，因小而失大，实在是人生的大忌。如果你还没有认识到这一点，那么，从现在开始，一定要重视身边的每一件小事。只有踏踏实实地将遇到的每一件小事都圆满地做好，才能在大事来临时用你完成小事时所获得的经验，得心应手地将大事完成。

事实上，很多年轻人眼高手低，看不起小事，只想做大事。可是能做大事的人却很少。人有理想、有干大事的雄心是好事，但一定要从身边一点一滴的小事做起。要知道，小事中常常蕴藏着机会。很多人轻视小事，认为小事不值得做，于是为自己的工作留下了隐患。

“人生成功小事起”，这是我们每个人都应该牢记的。要知道，世界上许多富翁都是从小事做起的，“以小搏大”是他们常使用的手段。因此，要想发大财，就不能放弃发小财的机会，只有这样，才能拥有发大财的基础。否则，靠投机、靠违法乱纪的勾当而一夜暴富，将会毁了自己的一生。

赵宇和王天同在一所大学，住同一间宿舍，学的也都是计算机专业。两人都非常酷爱自己的专业。他们毕业于 1995 年，因为高校还没有扩招，毕业生为数还不多，而且计算机专业找工作是非常吃香的，通常情况下，像他们这样名牌大学毕业的专业人才都能进入知名的企业工作，他俩当然也不例外，毕业后，顺利地进入了一家计算机公司。

赵宇和王天凭着他们的专业知识和对工作的热情，很快在各自的职位上干出了成绩，到了 2000 年，赵宇担任了公司研发部的主管，王天也担任了销售部的重要职务，他俩每年的年薪都超过 30 万，这对于普通的打工族来说已经是一个非常好的工作了，而且他们还有很大的发展空间。

可就在这时，他们两人做出了一个让家人和朋友都为之困惑的决定，那就是辞职自己当老板。当两人达成默契后，毅然不顾公司的挽留和家人的劝说辞了职，他们拿出工作几年所积攒下来的积蓄，在中关村租了一个柜台开始了他们的创业之路，赵宇负责技术，王天负责销售。

刚开始，虽然他们在公司都很优秀，而且王天在销售方面很有门道，但毕竟没有自己单干的经验，从办营业执照到招揽顾客，都需要自己一步步地安排和策划。还有一次，因为增值税发票的缘故，他们被罚了几万元，他们一次次地尝到了自己当老板的艰辛。

在那些年，电子产品销售还是很有嚎头的，经过一段时间，业务量增大，他俩继续扩大了生意范围，因为人手不够，他们雇了员工。依靠他们的才能和对顾客良好的服务，虽然生意不错，但是除去房租、员工工资等一切开销，他们所获得的利润根本就达不到原来两人的工资水平。就因为这样，他们经常遭到家人的数落，认为原来的工作更具有价值，虽然现在是自己当老板，但是当初给别人打工所获得的利益要更大。

有一次，当他们的舍友问他们认为哪种成功更大时，两人几乎有一样的观点，那就是，成功没有大小，尽管现在当老板挣的钱没有给人打工挣的钱多，但这并不代表给人打工获得的成功比为自己打工获得的成功更大，因为他们喜欢这样的工作方式，他们在这里得到了满足、快乐和对自己能力的肯定，而且他们认为还能做得更好，从这方面说，这样的成功也是非常有意义的，他们享受到了创业的乐趣。

所以，我们不要认为小事不重要就不去做，这对我们的职业发展有很大的影响。只要我们不讨厌小事，只要有益于自己的工作和事业，我们都应该全力以赴地去做，如此才会在成功的道路上越走越开心，越走越明亮。

启示语：

成功并没有大小之分，特别是不能以金钱来衡量成功的大小。每一个人都有自己最好的一面，都有自己最想表现和发挥的一面，只要尽力地去表现自己，那就是成功。

再努力一点

世界上勤奋是通往成功的最重要条件之一,离开勤奋,成功只能是一场空谈,天下没有不经过勤奋努力而得来的收获。成功是勤奋得来的,只有辛勤劳动,才会有丰厚的人生回报。即使给你一座金山,你无所事事,迟早有一天会坐吃山空。爱因斯坦说过:“在天才和勤奋之间,我毫不迟疑地选择勤奋,它几乎是世界上一切成就的催生婆。”乔·雷诺兹也曾说过:“如果你富于天资,勤奋可以发挥它的作用;如果你智力平庸,勤奋可以弥补你的不足。”由此可见勤奋对于成功的重要性。

天道酬勤。成功不是无缘无故到来的,失败也不是无缘无故降临的,只有那些不肯付出辛苦汗水的人才是人生最大的失败。在成功的道路上,除了勤奋,依然是勤奋。除此,没有任何捷径可走。赫赫有名的马利欧企业的创始人马利欧是一个勤奋创业的人,多年来他都坚持每天工作 18 个小时,他总是说:“每周只工作 40 个小时的人,不会太有出息。”

卡尔森集团是全球最大的家族企业之一,它涉及面广,包括市场营销、商务和休闲旅游、餐饮业及酒店业。创造卡尔森集团的卡尔森曾说:“我的成功应该源于我个人的勤奋。”事实也如此,卡尔森集团的成功,正是依靠卡尔森早年的勤奋开拓出来的。

卡尔森的名下有全世界最大的旅行社以及瑞森达大饭店。《福布斯》杂志估计他的财产近 5 亿美元。卡尔森是勤奋致富的典范。早年,卡尔森从推着自行车卖奖券开始做起,一直做到全国赫赫有名的大富豪。这个历程是艰辛的,卡尔森不知吃了多少苦,受了多少罪,遭受了多少白眼,忍受了多少屈辱,但是他依靠自己的勤奋走向了成功。在这个奋斗的过程中,他学到的最有用的东西就是勤奋。卡尔森的工作哲学是“星期一到星期五保持竞争力不落人后,星期六与星期日拿来超越别人”。他是一个典型的工作狂,如果有一天无事可做,他就感到失落。工作已经成为他生命的重要部分,他将一切都献给了工作,而工作也给了他丰厚的回报。

卡尔森的成功也印证了著名的犹太商人哈比所说的一段话:“我的投资并非任何时候都能赚钱,但我总是付出自己的勤奋,这样即使不能赚钱,我也毫无怨言。而实际上,只要你付出了勤奋,不赚钱是不可能的。”

任何人的成功背后往往都是以勤奋的付出做铺垫的,胜利的喜悦下面掩藏的是滴滴晶莹的汗水。凡是取得成就的人,都无不付出了艰辛的劳动。可以说,世间所有人都是一样的。富者不勤则贫,贫者不勤则更贫,所以,不管你出身富贵或贫穷,只要你勤奋,财富的到来只是时间问题。

当我们看着舞台上的演员们表演时,总是为他们精彩的演技而感到折服。但是又有多少人知道这些演员们的辛勤。“台上一分钟,台下十年功”。演员们舞台上精彩的表演,是以台下十年如一日的辛勤演练换来的。他们在风光无限的舞台上展现的是笑容,是光芒,然而在这背后隐藏的却是什么?是他们一天又一天、一年又一年长期艰苦而又辛勤的锻炼。他们的成功并不是一朝一夕所成就的,他们之所以会成功,是由于他们比多数人辛勤,比多数人付出的汗水多,于是才有了成功的机会。不仅是演员们如此,其他在各个行业做出非凡业绩的人都无不是如此。

勤奋永远是成功的最好诠释。如今人才济济,竞争激烈,要想从中做出一番成就,离开勤奋简直没有任何希望。有一位成功者很自信地对采访他的人说道:“我的信条就是我祖父常给我说的一句话:‘要当那个早晨第一个到办公室,晚上最后一个离开的人’。”这句话正诠释了勤奋才能成功的道理。

启示语:

“只要功夫深,铁杵磨成针。”勤奋工作,是对工作的负责,是对既定目标的追求,更是成功的首要条件。有许多人总在责怪命运的盲目,其实命运本身远不如人那么盲目。了解实际生活的人都知道:天道酬勤,财富掌握在那些勤勤恳恳工作人的手中。

每天早起一分钟

“勤奋就是财富，勤劳就是财富。就像一颗颗种子不断地从大地母亲那儿汲取营养那样，惜分惜秒，点滴积累，谁能珍惜点滴时间，谁就能成就大业，铸造辉煌。”这是韦尔奇说的话。既然如此，那么，我们又该怎么勤奋呢？

首先，尝试一个方法：每天早起一分钟，直到你六点能起床时，就保持这个纪录。还要保证晚上十一点进入睡眠，到第二天早晨的六点，这样的睡眠时间已经足够，这是一个非常科学的方法。我们要勤奋，但是也决不提倡不顾身体健康，肆意地糟蹋身体。这是不正确的，身体是革命的本钱，首先要保证自己有一个好体格，这样才能创造财富。

事实告诉我们，如果第一天拖着不起床，第二天也就拖着不起床，这是一种惰性，也是一种习惯。所以，要把早起也变成一个习惯。既然我们渴望财富，那就说服自己坚持下来，如果连这点毅力也没有，那么，也就不要去渴望成功。

话说回来，早起干什么呢？

有很多事情可以做，你未必一定要早早地跑到公司门口，等着楼门的保安来开门，让领导看见你是多么勤奋。勤奋不是做给别人看的，而是自己一种良好的品质。需要做的事情很多，要区别各种情况对待：如果工作繁忙，你可以提前一点来公司进入工作；如果工作能在上班时间完成，那么，你可以锻炼身体，也可以花半小时的时间阅读新闻或者其他有趣的读物。

说实话，人们讨厌唠叨的人，却不会讨厌勤奋的人。有一个穿戴寒酸的男孩徘徊在街口，他来到一个繁忙的大楼工地。一个叼着烟斗、派头十足的老板在指挥他的工人。男孩心生羡慕，他天真地问老板：“叔叔，我以后也能像你一样这么富有么？”

老板回过头看看身边的小孩，想说什么，话还没出口又顿住了。愣了一下，他这样对孩子说："我给你讲一个故事吧。深圳有一个电子工厂，其中有一道工序有三个人一起工作。在统一的休息时间，第一个员工说这个地方环境不好，又脏又累，早出晚归不说，还挣不了几个钱；第二个员工就说自己将来一定要做老板；第三个员工什么也没说，只是笑了笑，又接着干活去了。

"这三个员工里，就数第三个员工勤快，他总是不辞辛劳地检修机器，思索更有效的工作方法。

"过了很多年，这三个员工发生了很大的变化，第一个员工提前退休了，第二个员工依然只会说自己要当老板，而第三个员工则成了一家公司的老板。你知道那第三个员工是谁吗？"

小孩摇摇头。老板说："是我。"

小孩正惊奇地看着那个老板，老板却指向了建筑工地里那些干活的工人，说："你看到他们了吗？他们全是我的工人，有的我还记不住他们的名字，有的甚至根本就没有印象。在他们之中，有一个晒得红红的家伙，就是穿着红色衣服的那个人，他以后肯定会出人头地。"老板接着说，"我很早就注意到他了，他干活总是比别人卖力，干任何事情都非常勤快。我虽然不知道他叫什么名字，但是我观察他很久了，他是一个一如既往的勤奋的人，只要有机会，我会慢慢地提拔他。"

小孩顺着老板的手指看见那个干活最勤快的人，老板说："现在你应该明白叔叔给你讲的道理了吧。无论做什么事情，一定要勤奋，因为只有勤奋才能出人头地。小朋友，相信一句话：勤奋不一定能成功，但是懒惰必然会失败。"

是啊，比别人勤奋一些，多努力一点，就能有很多意外的收获。人不管做什么，如果离开了勤奋，一切都无从谈起，也就永远不会成功，因为天上不会掉下馅饼。只有勤奋才能使你成功，才能成就你的影响力。

启示语：

天才是99%的汗水加上1%的灵感。各类优秀的人才身上无不具备勤奋这个品质，因为勤奋是一个人想要获取成功的最基本条件。偷懒的人无法从平凡跨越到优秀，想要成功，那更是纸上谈兵。所以，每当你想偷懒时，一定要不断地提醒自己：只有勤奋才能创造幸福的生活！

优秀的人都是勤奋的人

人类之所以有如此高度的物质文明和精神文明，这与人的勤劳是分不开的。要想改造自然，征服自然，每个人必须竭力干好自己的本职工作，勤奋是人们获得良好生活的保证。

作为世界首富的比尔·盖茨对那些默默无闻的实干家，非常钦佩，哪怕他是从事低级繁重的体力劳动，因为他们活出了做人的尊严。他说："我只敬重两种人，没有第三种。第一种是不辞辛劳的劳动者，他们勤勤恳恳，默默无闻，日复一日，年复一年，在改造自然的过程中，活出了人的尊严。我非常敬佩那些从事繁重劳动的体力劳动者。我钦佩的第二种人，是那些为了人类能有一个独立的、丰富的精神世界而孜孜求索的人。他们的劳动不是为了一日三餐，却是为了增加生命的养分。稍事劳作就可以满足日常生活的需要，难道就不需要用艰苦而又神圣的劳动，去换取轻松愉悦的精神生活和内心自由了吗？我只敬佩这两种人，其他的人都是废物和社会的渣子。"

阿尔伯特·伯特年轻的时候，曾经修理过自行车，卖过词典，做过家庭教师、书店收银员、出纳，还当过清洁员。在他看来，他的工作都很简单，不费精力，而且是下贱和廉价的，但后来，他知道自己的想法是错误的，正是因为他有了这些工作的经历，才留给了他很多珍贵的经验。

他在做出纳的时候，有一次，他把顾客的购物款记录下来，完成了老板布置的任务后就和别的同事聊天，老板走来，示意他跟上来。然后老板自己就一言不发地整理那批已订出去的货，然后又把柜台和购物车清空了。

就是这样一件事，彻底改变了阿尔伯特·伯特的观念，他明白了不仅要做好自己的本职工作，还应该再多做一点，哪怕老板并没有要求，自己也应去发现那些需要做的工作。阿尔伯特一直遵循着这样的观念和积极主动工作的心态，这使他变得更优秀。

俾斯麦把勤奋工作看成是一个人拥有真正生活的保护神。在他去世的前几年,当被问及用一句简单的话概括生活的准则时,他说:“这条准则可以用一个词表达:工作。工作是生活的第一要义;不工作,生命就会变得空虚,就会变得毫无意义,也不会有乐趣。没有人游手好闲却能感受到真正的快乐。对于刚刚跨入生活门槛的年轻人来说,我的建议只是三个词:工作,工作,工作!”

英国哲学家约翰·密尔说过:“不论你是著名的道德家,还是普通的平民百姓,都要充分衡量自己的能力和外部因素,努力找到自己最喜欢的工作,然后就是勤勤恳恳、全力以赴地做下去。它是生活中永久不变的真理。”

生活是公平的,对于那些懒惰十足的人来说,生活一点也不比常人活得轻松,他们同样还得为了自己的一日三餐而奔波,人类历史的功劳簿上却不会找到他们的名字,成功的大门对他们也是时时关闭着的。勤劳的人们以他们为耻,也绝不会和他们为伍。

惰性很强的人们总有习惯定势,他们只对普通人关注的事物有热情,甚至只看到某一事物所带来的成果,而不愿意去付出辛勤的汗水。古希腊著名的医生加龙说:“劳动是天然的保健医生。”一个富有奋斗精神的人,一个沉浸在劳动中的人,他的心中只有自己做的事,像忧虑、抱怨等不良情绪则不会与他们沾边。

所以,要勤奋起来,把自己想要实现的理想付诸实际行动,不要只说不动。只要行动起来,就没有时间去胡乱琢磨,因为你的时间都用来干那些有用的、有意义的事情。勤奋既能创造财富,又能获得快乐,这样两全其美的事情,我们为什么还不时刻提醒自己勤奋起来呢?

启示语:

工作是人类与生俱来的权利,它是最有效的心灵滋补剂,是医治精神疾病的良药,至今仍保存完好。

做个勤奋的人

成功有多种因素，环境、机遇、学识等外部因素固然都很重要，但更重要的是依赖自身的努力与勤奋。缺少勤奋这一重要的基础，哪怕是天赋异禀的鹰也只能栖于树上，望天兴叹；有了勤奋和努力，即便是行动迟缓的蜗牛也能雄踞山顶，观千山暮雪，望万里层云。

美国伟大的政治家亚历山大·汉密尔顿曾经说过："有时候人们觉得我的成功是因为天赋，但据我所知，所谓的天赋不过就是努力工作而已。"

张杰每天都要从家里徒步行走12里路到学校读书。假期，他仍然要走12里路到城里去打工，在那里，他帮人洗碗一个月能得到300元的工资，晚上回到家还要做假期作业，一直到很晚才能睡觉。他这种勤奋刻苦的精神让很多人都深受感动。

几年后，张杰毕业了，到了一家小公司做职员。在公司里，他勤奋刻苦，努力工作，不断地向上攀登。后来张杰自己创办了一个公司，经过多年的勤奋经营，成为远近闻名的富人之一。后来，他对自己的成功这样说道："勤奋敬业的精神是走向成功的坚实基础，只要你有了这种勤奋、努力的精神，它就会像一个助推器一样，把你一直向前推。我的成功很显然就是勤奋的结果。"

还有美国的政治家丹尼尔·韦伯斯特在70岁生日时谈起他成功的秘密时，说："努力工作使我取得了现在的成就。在我的一生中，还没有哪一天不是在勤奋地工作。"

所以，勤奋地工作被称为"使成功降临到个人身上的信使"。

与勤奋相反的则是懒惰，一个人要想成功，首先要做的一件事，就是把懒惰消灭掉。你不妨自问，自己能否生存下去，如果不能，那么你必须靠你的勤奋去创造自己生存的空间。如果你认为你能生存下去，那么，你更应该用勤奋去创造更美好的生存条件。只有这样，你才是一个有价值的人。

“勤能补拙“”是千古不变的良训。一分辛劳一分收获，只有勤奋的人才能打败遇到的挫折与困难，最终向成功的方向迈进。

我有一个小学同学，他出身贫寒，学历不高，连小学还没有毕业，可他是一个不愿服输的人。小的时候，他每天都会抽一些时间跑到学校里去偷听老师讲课，还会向一些关系最好的伙伴求教。长大以后，他每天晚上都要工作到夜里12点以后，第二天，依旧6点钟就起床了。正是因为他的努力工作，他取得了很大的成就。后来，他成为一个优秀企业家，荣登市里杰出青年榜。

是啊，命运掌握在自己的手上，如果你一生都勤勤恳恳，那么你一生都是幸福的，即使你的智力比别人差一些，也会在日积月累中弥补你的缺陷。正如一位成功学者所说的：“如果你永远保持勤奋的工作状态，你就会得到他人的认可和称赞，同时也会脱颖而出，并得到成功的机会。做一个勤奋的人，阳光每天的第一个吻，肯定先落在你的脸颊上。”

另外，勤奋本身还是一种财富，如果你是一个勤劳、肯干、努力的员工，那么，你就会像蜜蜂一样，采的花粉越多，酿的蜜也越多，享受到的甜美也越多。

任何一个人的成功，都是不停努力的结果。工作中，为了取得更好、更大的成就，就必须不断地努力奋斗。如果你是一个有远大目标的人，一个想成为事业有成的人，那么，应该仔细地问问自己，你是不是一个勤奋的人，因为这对成功非常重要。观察财富英雄榜时，我们都会得到一个结论，那些成功者有一个共同的特点：他们都是勤奋者。所以，在这个世界上，投机取巧是走不出成功之路来的，偷懒更是永远没有出头之日。我们必须让自己勤奋起来，只有如此，才能换取明日的舒适生活。

启示语：

一分耕耘一分收获。怕吃苦，图安逸，是成不了大事的。试想：哪位杰出人物不是吃尽人间诸多苦楚才奋斗出来的。

成功在于勤奋

人生的许多财富,都是平凡的人们通过自己不断地努力而取得的。勤奋地努力如同一杯清茶,比成功的美酒更对人有益。一个人,如果毕生都能坚持勤奋、努力,本身就是一种了不起的成功,它令一个人从精神上焕发出光彩,这绝非胸前的一排奖章所能比拟。

生活中,在周而复始的日常生活中尽管有种种牵累、困难和应尽的职责、义务,但它却能使我们获得种种最美好的人生经验。对那些执著于开辟新路的人而言,生活总会给他提供足够的机会和不断进步的空间。人类的幸福就在于沿着已有的道路不断开拓进取,永不停息。那些最能持之以恒、忘我工作的人往往是最成功的。

纵观历史,有许多让我们不得不认真对待的事实,这些事实也让我们明白,在获得巨大财富的过程中,一些最普通的品格,如公共意识、注意力、专心致志、持之以恒等,往往起着很大的作用。即使是盖世天才也不能轻视这些品质的巨大作用,一般人就更不用说了。事实上,那些真正的天才恰恰相信常人的智慧和毅力的作用,而不相信什么天才。甚至有人把天才定义为公共意识升华的结果。约翰·弗斯特认为:“天才就是点燃自己的智慧之火。”波思认为:“天才就是勤劳。”

也有人这样说:“人生就是一场竞技赛,生命就是赛程,能在这场竞技赛上获取金牌的人,都是永远勤奋的斗士,因为他们知道任何的成功都源于自始至终的勤奋和努力。”

事实也的确如此。在工作中,有许多人都想拥有一个不同凡响的经历和人生,要获得这种经历和人生,最好的办法就是勤奋。

蚂蚁可以堪称是世界上最勤奋的小动物。为了寻觅一颗米粒,小小的蚂蚁不知要爬多远的路，它要翻山越岭，爬上爬下；为了把食物驮回家，小小的蚂蚁宁可无数次地从山头滚下，然后又重新赶路。在蚂蚁的群体里，除了蚁王，每一只公蚁几乎都永不停歇地勤奋工作，它们要为蚁王寻找食物，要守护蚁群的安全，要在冬天来临时搬运并储藏食物，还要挖洞穴，做各种各样的工作遥蚂蚁的勤奋是举世公认的。蚂蚁的一生都在不停地忙碌中度过，它们的生命虽然短暂，但它们从不肯停下自己的脚步。除非是下雨天，蚂蚁才会允许自己休息一下，除此之外的时间里，蚂蚁都在重复着相同的工作而从不懈怠。

可是，看一看我们身边的人，那些整天叫苦连天的员工，他们总是抱怨自己太辛苦，工作太累，得不到休息，身心疲惫，没有任何属于自己的时间等等，于是，他们开始放任自己的松懈和懒惰。其结果既造成他们自己的损失，也使公司的利益受到损害。因此，懒惰和松懈是一个人成功的最大障碍，而勤奋却是推动成功的唯一动力。

另外，还有一段话是这样说的："如果你是天才，勤奋则使你如虎添翼；如果你不是天才，勤奋将使你赢得一切。"所以，不论在任何时候，我们都要牢记，成功从勤奋开始。

启示语：

伟大的成功和辛勤的劳动是成正比的，你付出多少就会得到多少，经过日积月累。从少到多。你就会获得意想不到的收获。另外，勤奋不是先天生就的，而是后天养成的，当你有了坚定的抱负和信念时，勤奋也就会因此而产生。

第七章 >>>

踏实、负责、忠诚的员工

有无责任心，将决定生活尧家庭尧工作尧学习的成功和失败，这在人与人的所有关系中也无所不在。

——托尔斯泰

成功从细节开始

这是一个能告诉大家细节决不能忽视的例子：有位医学院教授在上课的第一天，就对他的学生说："当医生，最要紧的就是胆大心细！"说完，便将一只手指伸进桌子上一只盛满尿液的杯子里，接着把手指放进自己的嘴中，随后教授将那只杯子递给每个学生，让学生学着他的样子做。看着每个学生都把手指伸入杯中，然后再塞进自己的嘴中，忍着呕吐的狼狈样子，他微微笑了笑说："不错，不错，你们每个人都够胆大的。"紧接着教授又说道："只可惜你们看得不够细致，没有注意到我伸入尿杯的是食指，放进嘴里的是中指。"

教授不是有意恶搞学生，而是要学生铭记教训，关注细节。不注意细节是要上当、吃亏的，事情的成功很大程度都取决于对细节的处理上面。

小细节，往往反映的是大问题。看重细节，把细节做周全，在行动上落实，是成功的一个重要方面。

在我们身边，总是有这样一些人，他们总是随心所欲地处理一些事情，而且还会固执己见，不会顾大局、识大体，认为所谓的琐事是没必要去做的。对于他们来说，工作中应该把所谓的琐事搁置起来，努力把自己认为重要的大事处理好，只有这样他们的才能才不会被埋没。可是，他们这样做直接导致了他们的失败。另外，他们总是在进行自我安慰，常常对自己说："我是最优秀的，我是非常出色的。"事实上，他们却是大事做不来、事又不做，总在浪费着自己的生命。在他们看来，做多少事就应该领多少薪水，没有必要做那些琐碎的杂事、小事去迎合老板，而且认为老板也不在乎这些小事，只有做几件大事才是取得上司信任的最有效的途径。但是，他们没有认识到，任何一件大事的成功都离不开小事的成功，更离不开工作时应注意的细节问题。

有一家文化公司需要招聘一批员工，在经过多次的初试、面试、笔试之后，公司选出了20多名优秀的应聘者，比预期的多出了一半。公司的高层很难做出最终的选择。因为，这20多个应聘者都非常符合公司的要求，并且对公司的业务也非常熟悉。

公司为了解决这个问题，采纳了公司一个部门主管的主意，准备请这20多应聘者吃饭，他们被分两桌，每桌有十人左右，各安排了一个公司高层同这些应聘者吃饭。但是，这些公司高层还有一项任务，注意这些应聘者在吃饭时的表现。

第一道菜是饭店里最出名的烧鱼。菜刚上的时候，谁都不敢动，于是主管带头在鱼背上夹了一片，然后对大家说："大家随便吃，以后我们有可能是一家人了，每天都会在一起，所以大家都不要客气、不要拘谨。"

有主管带头，桌上的人都活跃起来了，大家有的夹鱼头，有的夹鱼背，有的吃鱼尾，有的人一次夹一大块，还有人翻腾着找好的鱼肉，也有一些每次只夹一小点，而且不挑来挑去的。就这样，一盘烧鱼很快就没了。

之后的几盘菜仍然是那些挑菜、夹大块的人吃得多。当最后的菜上齐后，大家都各取所好，有的总是夹自己最喜欢的吃，有的站起来夹别人面前的菜，有的每样菜都夹一些，还有的一手汤一手菜地吃。最后吃完时，有部分人把碗里的米饭都吃干净，有的人脚下、胸前都是饭粒。这些人的各种表现都让公司高层看在眼里。

一天后，公司最终聘用人员的名单出来了，当那些落选者看到名单时很不服气，在这些落选者中，有一名青年问主管："我的条件明显比上面的要强得多，为什么不选我，你们明显是在偏袒这些人。"

面对这个问话的年轻人，主管这样说道："并不是我们偏袒这些员工，而是他们通过了我们公司的加试。昨天晚上请大家吃饭，并不是单一的欢迎新员工的到来，同时也是公司对大家的一次考试。你们应该很清楚自己为什么没被聘用了吧！"

年轻人仍然不服气，又说道："这都是生活中的小细节，怎么能以此评判一个人呢？"

主管看着那位不服气的年轻人又说道："人生本来就有许多小细节，一个在饭桌上只顾自己的人，在工作中是不会照顾别人的，他首先想到的只是自己，我们公司不需要这样的员工。"通过以上的例子，我想大家应该清楚细节的重要性了。

启示语：

成功与失败并没有先后之分，其实，成功与失败都在同一起跑线上，不要怀疑这个世界不公平，如果你感到不如意，不要埋怨别人对你的不公，应该脚踏实地从细节和小事做起，不断提高自己的素质，这才是成功之道。

注重细节才能把握成功

有一位伟人说过："不愿做平凡的小事，就做不成大事，大事往往是从一点一滴的小事做起来的。"所以，想成就一件大事，必须在细节上多下工夫，

"细节"指的是细小的环节或情节。细节往往是我们不注意或是我们不容易发现的，所以，很容易就被人们不自觉地忽视了。另外，我们有时也会因为时间、精力等等的原因而顾不上细节，其中更有一些人因急功近利对细节不屑一顾，从而铸成大错。

流云公司是一家很大的公司，公司为了扩大规模打算招收一名素质过硬的职业经理人和十多名普通员工。在通过初试、笔试等筛选后，留下了15名应聘者，这些应聘者都是拥有博士、硕士学位的高材生。

可是经理的位子只有一个，那么如何选择呢？公司决定增加一次面试。

当第二天进行面试时，考官发现多了一位考生，于是问道："你们当中有谁不是来参加面试的？"

"是我。您好！先生，我在第一次面试的时候就落选了，但是我想参加所有的面试。"一个年轻小伙子说道。

"小伙子，你已经被淘汰了，参加考试对于你来说根本就没有任何意义。"考官说道。"我不这么认为，因为我掌握了别人没有的财富。我有信心在这一次面试当中脱颖而出。"年轻小伙子不卑不亢地回答。

"那你有什么样的财富呢？"

"我的经验和我自己本人。"年轻人回答道。

听到年轻人的回答，其他的15名面试者都笑了起来。

"你能把你的理由告诉我吗？"主考官问。

"完全可以，虽然我只有高中学历，但是我有近10年的工作经验，我曾经在

8 家公司工作过，在 3 家公司任过部门主管。这 10 年的工作经验不是任何学历可以替代的，虽然我的学历不高，但是我在工作方面可以胜过他们许多人。”年轻人说。“你的学历根本不符合我们招聘的要求，但是你接近 10 年的工作经验却是一笔不小的财富，可是你跳槽了 8 次，你认为这是一种令人欣赏的行为吗？在我个人看来，你的跳槽也许是个人的能力问题吧！”主考官说道。

“我并没有跳槽，我曾经工作的 8 家公司都倒闭了。”年轻人的回答又一次得到了大家的笑声。

考官也含着笑意说道：“你所在的 8 家公司都倒闭了，那你对自己的能力没有怀疑吗？就连我都开始怀疑你近 10 年的工作，有没有学到有用的经验。”

“不，在这些年的工作中，我学到了很多有用的经验，就以这 8 家倒闭的公司来说，他们倒闭的原因我都知道，并且知道如何避免这些原因，也正因为这些公司的倒闭才使我积累了更多的经验财富。我非常了解我所工作过的 8 家公司，我与我的同事们都很努力地挽救过，但是我们没有成功。虽然我的学历低，但是我用了 10 年的时间来学习工作中的各种经验，这些年中，培养了我对人、对事、对未来的敏锐洞察力。”年轻人说。

“你似乎太过于自信了。知道吗，年轻人，我们需要的经理人，不仅仅要有高学历，还需要是一个高素质、全方位的知识人才，你认为你都具备了这些条件了吗？”考官说道。

“考官先生，你所说的这些，我认为自己已经具备了，我对自己很有信心，就以现在来说吧，我认为你根本就不是真正决定谁担任经理的人，也并不是真正的考官。我说得对吗？”年轻人说。

这时，不止是考官一脸的惊讶，所有的参试者都一脸的惊讶。很快考官又问道：“你有什么证据说我不是老板和真正的考官呢！”

年轻人继续说道：“真正的老板和考官，应该是给大家倒水和打扫卫生的那个老人吧！我是从他的举动、眼神、气度方面察觉到的，当我刚才说到考官和老板并不是你时，他的举动更让我肯定我的看法。我说过，我是一个非常注意细节的人，我从来不会放过任何一个小的细节。”年轻人说完这段话，就向大门的方向走去。当他快要走出大门时，老人说话了：“好！你就是我们所需要的职业经理人，你被聘用了。”

几年后，年轻人已经坐上了总公司副总经理的位子，也成了公司的一位董事。

天下大事必做于细。很多人因为忽略了某些细节而错失良机,导致失败。一些人却因为抓住了细节,从而走向成功,改变命运。

启示语:

任何一位成功者都有一个共同的特点,就是都能认真地对待每一件小事,能够抓住生活中的每一个细节。所以,成功者很容易把自己从大多数人中分离出来,使自己更加突出优秀。

对自己负责

成功的优秀人士大都是这样的人:高度责任心;工作态度表里如要、一丝不苟;永远怀有激情。他们的成功是一种透明的成功,没有半点虚假,没有半点水分。

坚守岗位,完成任务,这就是我们所说的负责。假如你是公司老板,在分派任务的时候,你会信任这样的人吗?在提升职位的时候,你会首先考虑他们吗?当然会!这样的人无疑是能够准确无误完成任务的人。

如果一个人,无论是在卑微的岗位上,还是在重要的职位上,都能秉承一种负责、敬业的精神,一种服从、诚实的态度,并表现出完美的执行能力。这样的人一定是我们企业的最佳选择,也是任何一个企业的最优选择。

在今天这个时代里,虽然到处都呈现出了一片日新月异的景象,为人们提供了很多发展自己人生和事业的机会。但是受社会影响,许多人的身上也滋生出了一种自由散漫、不受约束、不负责任的毛病。他们认为,在这个时代里,谋求自我实现、自我发展,自己创业当老板是件天经地义的事,而忘了只有责任感才能够让个人的价值得到实现,也只有具备尽职尽责精神的人,才会受到别人的重视和提拔。

那些不能理解这一点的人,十分不幸地陷入了对自己危害极大的误区。他们不受约束,不严格要求自己,也不认真负责地履行自己的职责。面对一切岗位制度和公司纪律,都在内心深处嗤之以鼻,对一切组织和机构中的岗位制度都持抵触情绪和怀疑态度。在工作和生活之中,以玩世不恭的姿态对待自己的工作和职责。对自己所在机构或公司报以嘲讽的态度,稍有不顺就频繁跳槽。他们在团体中,如果没有外在监督,根本就无法工作。他们对自己的工作推诿塞责,故步自封,任何工作到了他们的手里都不能认真对待,以至年华空耗,事业无成，又何谈什么谋求自我发展，提升自己的人生境界，改变自己的人生境遇，实现自己的人生梦想呢？

我们每个人都应该知道：生活总是会给每个人回报的，无论是荣誉还是财富，条件是你必须转变自己的思想和认识，努力培养自己尽职尽责的工作精神。一个人只有具备了尽职尽责的精神之后，才会产生改变一切的力量。

工作的底线是尽职尽责。改变态度，努力培养自己勇于负责的精神，你将成为工作与生活中的赢家。

对工作和自己的行为百分之百负责的员工，他们更愿意花时间去研究各种机会和可能性，更值得信赖，也因此能获得别人更多的尊敬，与此同时，他们也获得了掌控自己命运的能力。

在一个工厂的入口处，有一支生了锈的大铁钉被丢弃在那里。员工们从其旁边进进出出，于是不外乎发生下列几种情形：第一种员工是视若无睹，抬脚横跨而过；第二种员工看到了铁钉，也警觉到它可能产生的危险，不过这种员工所持的态度又可能出现三种不同的类型：第一类心想别人会捡起来，不用自己多事，只要自己小心，实在不必庸人自扰，于是视若无睹，改道而行；第二类会认为自己现在太忙，还有很多事情需要解决，等办完事后再来处理那根铁钉；第三类则抱着谨慎小心、事不宜迟的态度，马上弯腰捡起并妥善处置。

一个小小的铁钉揭示了无数人的心态，第一种员工是浑浑噩噩过日子的人，完全没有觉察环境的变化，直到下岗时，可能还不了解下岗的原因。第二种员工的第一类是属于自私型，一切行动以自己的利益为考虑，只扫自家门前雪，不管他人瓦上霜；第二类是消极推脱的人，会找出一大堆的理由来证实自己不行动的原因；第三类是积极负责的人，这种类型的人具备问题意识、忧患意识，具有责任感，这种员工正是企业殷切想要网罗的人才。

你可能听说过这样一个故事：身为美国总统的杜鲁门在桌子上摆着一个牌子，上面写着：问题到此为止，这就是责任。总统有总统的责任，员工有员工的责任。对于任何一名员工来说，工作就意味着责任，没有责任感的员工不可能成为一名优秀的员工。

对工作和自己的行为百分之百负责的员工，他们更愿意花时间去研究各种机会和可能性，显得更值得信赖，也因此能获得别人更多的尊敬。与此同时，他也获得了掌控自己命运的能力，这些将加倍补偿他为了承担百分之百责任而付出的额外努力、耐心和辛劳。

有人说，假如你非常热爱工作，那你的生活就是天堂；假如你非常讨厌工作，那你的生活就是地狱。因为在你的生活当中，大部分的时间是和工作联系在一起的。不是工作需要人，而是任何一个人都需要工作。你对工作的态度决定了你对人生的态度，你在工作中的表现决定了你在人生中的表现，你工作中的成就决定了你人生中的成就。所以，如果你不愿意拿自己的人生开玩笑，那就在工作中勇敢地负起责任来吧。

启示语：

任何伟大的工程都始于一砖一瓦的堆积。任何耀眼的成功也都是从一跬一步中开始的。这一砖一瓦尧一跬一步的累积，都需要我们以尽职尽责的精神去一点一滴地完成。

没有任何借口

工作没有借口,任何一位员工在接受老板或上司分派的任务时,应该清楚地认识到,只有认真、负责地把任务完成才是最好的结果。那些去问老板应该如何做,或者对老板说因为什么原因你无法完成任务的人,都不能得到老板的重用,自身的能力也得不到提升。

有一位成功学家这样说道:"没有任何借口,就是要求你无论遭遇什么样的环境,都必须全力以赴地去完成。但如果失败已经产生,也必须没有任何借口地接受失败,因为执行没有借口,失败也一样没有借口。既然结果已经产生,那还要借口做什么。"所以,那些认为工作没有借口是一种绝对不公平的人,你们应该为自己的看法感到羞愧。

在工作或者生活中,我们做事情是否能获得成功,有很大的一部分在于是否给自己的失败找借口。这也是成功者与失败者之间的一种区别,成功人士总是选择最积极的思考、最乐观的精神来支配和控制自己的人生;失败的人则刚好相反,他们的人生受过去的种种失败与疑虑所引导和支配,给自己的失败找借口,例如:"我被某些难缠的事情耽搁了"、"我因为这段时间太累,所以……"等等。

小王是一个成功的销售人员,在公司的员工表彰会议上他这样说道:"任何事都没有丝毫借口,做事找借口的人会被人耻笑,因此,每个人都坚持即使再难也不讲任何借口。我自己认为凡事关键的是结果,而不是任何毫无意义的借口。"是啊,事情没有成功,只能说明你还不够努力,哪怕你遇到了再大的困难,也不能以此为借口替自己开脱。当自己没有完成任务时,要记得不找借口,要勇于承认自己的错误,承认是自己的原因而导致的失败,而不是为自己寻找种种借口,因为对于老板们来说,做事的过程只是员工应该考虑和努力的,他们需要的只是结果。

一个人对待生活、工作的态度是决定他能否做好事情的关键。很多人在工作中寻找各种各样的借口来为遇到的问题开脱，并且养成了习惯，这是很危险的。做事不找任何借口，就是敢于承担责任的表现。不管遇到什么困难，都坚持永不放弃，不找借口，不为自己的失败而开脱，这是一种真正的敬业精神，这就是负责，对工作的负责。

借口让我们暂时逃避了困难和责任，获得了些许心理的慰藉。但是，借口的代价却无比高昂，它给我们带来的危害一点也不比其他任何恶习少。借口就是人们想要推卸责任的托词，因为在合理和不合理的困难面前，失败是必然的，所以，借口成了很多人无法达到目标的说辞。

当然了，在工作中我们会遇到许多难度较大的任务，在这个时候我们应该做的是想尽一切办法去解决困难，而不是向上级汇报由于困难太大无法完成任务。

当然了，只要能把借口摒弃，不去寻找任何借口来给自己做后盾，那么你所做的工作或者你所接受的任务都有机会获得成功。因为不找借口就是锐意进取的表现，是责任心的表现。正如一位成功学者所说："一个积极进取、富有责任心的人，无论如何都能克服一切困难，完成任务。"所以，当你准备要做一名优秀的员工时，千万不要找借口，应该把寻找借口的时间和能力用到努力工作中来，因为工作中没有借口，人生中没有借口，失败没有借口，成功属于那些不寻找借口的人。

启示语：

任何一个工作，在它们困难重重的背后都隐藏着很多成功的机会。但是这些成功的机会只留给那些努力工作、恪己尽职的人，而那些不敢负任何责任就想成功的人，则永远无法摘取到成功的果实。

忠诚者即优秀者

员工对工作的忠诚所带来的价值对于公司来说，是一笔宝贵的财富，也是一种良好的企业形象，企业需要这样的员工与之一起成长。

在日本的索尼公司有这样一句话："如果想进入公司，请拿出你的忠诚来。"这是每一个想要加入日本索尼公司的应聘者必然会听到的一句话。因为索尼认为：一个不忠于公司的人，再有能力，也不能录用，因为他可能给公司带来比能力平庸者更大的破坏。他们不喜欢"叛徒"。

如今，社会不缺乏有能力的人才，但是对于公司来说，如何使这些有能力的人才为我所用才是有意义的，他们把忠诚放在了第一位。另外，有一部分人把忠诚理解为老实，片面地认为这样会受欺负，其实老实和忠诚并不是一个概念，忠诚是一种做人做事的信念和准则，是不论老实人或聪明人都应该遵循并为之骄傲的品德，对于职业人来说，忠诚永远胜于能力。

有一个关于忠诚的古老故事，内容是这样的：

一位年轻王子在路过一家住户时，看到他的一个仆人正紧紧地抱着一双拖鞋睡觉，他上去试图把那双拖鞋拽出来，却把仆人惊醒了。后来王子尝试用钱买这双拖鞋，但是仆人总是对王子摇头。这件事给王子留下了很深的印象，他立即得出了结论：对小事都如此小心的人一定很忠诚，可以委以重任。所以他便把那个仆人升为自己的贴身侍卫，结果证明这位王子的判断是正确的，这个仆人多次救了王子的性命，也很快得到了提升，当年轻王子当上国王时，年轻的仆人也成了军队的司令。

所以说，一个忠诚的人十分可贵，当然，一个既忠诚又有能力的人更是可贵。忠诚的人无论能力大小，老板都会重视他。相反，一个缺乏忠诚感但是有能力的人，有时却被遗弃。需要强调的是，如果是单纯的忠诚而不培养自己的能力，想要得到重用也是不可行的，我们提倡既要有忠诚感，还要不断提升技能,这才是长久的发展之道。

马辉是一家软件公司的开发人员。由于公司改变了发展的方向,他觉得自己已经不适合这份工作了,所以决定换一份工作。

以马辉的实力要找一份工作是很简单的事情,在他找工作过程当中,有许多企业找上了他而且抛出了令人心动的条件,但条件的背后是要求马辉出卖以前的公司,所以这些企业的邀请都以失败而告终。

一次马辉到了一家大型企业面试,对马辉进行面试的人是人力资源部主管和负责技术方面工作的副总裁,他们在面试当中提出了一个令马辉非常失望的问题:"我们很欢迎你到我们公司来工作,对于你的能力和资历我们都没有任何不满,我听说你以前所在公司正在开发一个新的适用于大型企业的应用软件,据说你也参与开发,能否透露一些你所知道的情况,你知道这对我们很重要,而且这也是我们为什么非常在意你的原因。"

马辉很生气地说:"你们问我的这个问题令我很失望,看来市场竞争的确需要一些非正常的手段。不过,我也要令你们失望了。对不起,我有义务忠诚于我的企业,虽然我已经离开了,但是什么情况下我都必须这么做。与获得一份工作相比,信守忠诚对我来说更为重要。"马辉说完之后就走了。

同样到这家公司来的另外许多应聘者也经历了副总裁的问话,相对于马辉来说他们没有做到忠诚,把原来公司的情况都说出来了。但几天后马辉收到了这家公司的信。信上写道:"你被录用了,不仅仅因为你的专业能力,还有你的忠诚。"而其他的应聘者却没有收到任何回应。

由此可见,能力在没有忠诚为前提的条件下,就显得逊色,没有哪家公司会对一个有着卓越才能但不忠诚于公司的员工委以重任,相比较而言,那个富有忠诚感的员工即使没有耀眼的才华也能在事业上芝麻开花节节高。换言之,如果才能和忠诚两者都具备,当然更会与众不同。

启示语:

忠诚是对事业负责的动力,忠诚的态度是敬业的土壤,只有在这样的土壤上才能收获最丰硕的果实。

别把工作当儿戏

成功是与你对待工作的心态成正比的。如果你具有良好的心态,全力以赴,把全部精力都投入到工作之中,那么一定会有所成就。

一位心理学家为了实地了解人们对于同一件工作在心理上所反映出来的个体差异,来到了一所正在施工的大教堂,对现场忙碌的敲石水泥工进行访问。

心理学家问他遇到的第一位水泥工:“请问你在做什么?”

这位水泥工无精打采地回答道:“在做什么?你难道没瞧见吗?我正在用这个重得要命的铁锤来砸碎这些该死的石头,而这些该死的石头又特别硬,把我的手震得酸麻不已,这真不是人干的工作。”

心理学家又找到了第二位水泥工,问的还是那句话:“请问你在做什么?”

第二位水泥工满脸无奈地答道:“为了每周500元的工资,我才愿意做这件工作。如果不是为了一家人的温饱,谁乐意干这份敲石头的粗活!”

心理学家又问了第三位水泥工同样的问题:“请问你在做什么?”

第三位水泥工眼光中闪烁着喜悦的神采:“我正在参与兴建这座雄伟的大教堂。落成之后,这里可以容纳许多人来做事礼拜。虽然敲石头的工作很累,但当我想到将来会有不计其数的人来到这儿接受上帝的祝福,心中就感到特别自豪。”

为什么同样的工作、同样的环境,三位水泥工会有不同的感受呢?就是因为他们对自己的工作做出了不同的认识,从而也就有了不同的工作态度和不同的价值体现。若干年后,这位心理学家在整理采访资料时发现了这段记录,忽然产生了强烈的欲望,很希望了解这三个敲石水泥工的现状……

他很快找到了这三个人,结果却令他大吃一惊:第一个敲石水泥工依旧像从前一样在干着低级的工作——还是一个普普通通的敲石水泥工;第二个开着机器在施工,他现在已经是一位司机了;至于第三个人,现在是一家房地产企业的老板要前两个人正在为他工作呢!

是什么原因造成了三个敲石水泥工不同的命运呢?原因很简单,因为他们对待工作的态度不一样。

再来看看这个例子:曾经有一个女孩,她勤奋好学,自学高考英语专科,成绩优异,获得了英语专业等级证书。毕业前一年,她看到报纸上 IBM 公司招聘员工,职务是勤务员。她很想进入这家公司工作,就投递了自己的简历,最后,在众多应聘者之中她成为被选中的少数。

在接下来的工作中,她扮演的是一个卑微的角色:沏茶倒水,打扫卫生,完全是一种体力劳动,不需要动脑,纯粹是机械性的劳动。但是她没有因此而有丝毫的懈怠,相反她认认真真地干了起来,并且干得很好,她相信任何工作都是有价值和意义的。

然而,她自己寻找到的这种内心的平衡很快被现实打破了。有一次,她出去买办公用品,之后一个人推着平板车回来,走到大门口时被门卫拦住,故意要检查她的外企工作证。她没有这个证,门卫就不让她进去,于是两个人就这样僵持在门口,当时进进出出的人很多,人们都投来异样的眼光,这让她感到了莫大的屈辱,从此,她在心中暗暗发誓:"以后绝不允许别人把我拦在任何门外。"

工作的卑微让她的确感到了从未有过的屈辱,但是她告诉自己,这只是人们的传统偏见而已,别人怎么想,她没有办法阻止,只要自己从心里重视自己就行了。于是,她又充满热情地投入到工作中,把自己的这份勤务员工作干得更好。

重视工作的人,工作也同样重视她。很快,机会来临了。一年之后,IBM 公司有一个计算机资格考试,通过的人就会有机会被安排到香港接受培训。当时她很想参加,但是她并不具备报考资格,后来经过多次向人事经理申请,她获得了参考的资格。结果她一试通过,有了去香港接受培训的机会。

从香港回来之后,她做了 5 年的销售员,后来又出任 IBM 华南分公司总经理。又过了几年,她便成为 IBM 中国销售总经理。

她的名字叫吴士宏。她从一份被人们认为最不起眼的工作做起,认认真真地做好,不因工作的卑微而有一丝的懈怠,正是这种对工作的重视使她获得了后来的许多机会,改变了她的人生。如果当初她一味抱怨自己的工作,对工作产生轻视和厌恶心理，就不会有以后崛起的机会，更不可能在后来取得一次次进步。

的确如此，如果我们能够尊重自己的工作，认识到自己工作的重要性，就会去思考为什么要工作，就会抛弃那些庸俗的工作观念。

所以，千万不要把自己现在所从事的工作看得无足轻重，而应该把它看做是实现自我价值的平台，如果认识到这点，我们就不会对自己现在所从事的工作敷衍了事，就不会把心思放在怎样脱离现在的工作上，而是去不断地追求上进，获得新的发展。

启示语：

无论是在工作中，还是在生活中，我们都要有一种共识，那就是我们不能把所从事的工作当儿戏。换言之，就是我们要尊重自己的工作。并为它感到自豪。

要维护公司的一切

身在职场,我们要时刻以公司的大局利益为重,不可玩忽职守、轻易泄漏公司的机密。对于公司的大小事情,都要学会守口如瓶,不该说的不说,谨守自己的职责,这样的员工才堪称优秀的员工。

另外,一个优秀的员工,还会维护公司所有的一切。不论身在什么工作岗位,维护公司是任何一个员工都负有的职责,也只有这样的员工才能得到老板的重用。一个员工,不去维护公司,那么公司的利益将得不到提升,同样你个人的利益也得不到提升。任何个人都要知道这样一个事实:公司与员工是一个合成体,只有公司得到维护,得到发展,个人才能得到发展。那么,如何去维护公司呢? 可以通过以下两个方面来做到。

一、维护公司的荣誉

一个没有荣誉感的团队不是一个成功的团队,一个没有荣誉感的员工不是一个优秀的员工。作为公司的一员,你有责任维护公司的荣誉。这样的员工才能真正被老板所重视。

信誉对一个人很重要,对一个公司也同样重要,它是公司的生命和灵魂,是最直接而有效的竞争手段。它看不见,摸不着,但却具有无形的力量,甚至决定着一个公司的兴亡。它是一笔无形资产,能够促进经济快速增长和道德的凝聚力。美国经济学家凡勃伦说:“公司的无形资产有时甚至比有形资产的意义更加重要。在资本价值中,资本价值的核心不是工厂的成本,而是公司的商誉。”一个视信誉为生命的公司必定是一个成功的公司,也是一个效益良好的公司。

信誉犹如生命一样重要,对于一个公司如此,对于一个人更是如此。所以,作为员工就要时刻学会维护自己的信誉,维护公司的信誉。做事先做人,一个没有信誉的员工就一定不是一个敬业的员工,也不是一个忠诚的员工。如果外界条件合适,那些不讲信誉的员工就会立刻放弃原则,泄漏公司机密,背叛公司。

二、严守公司的机密

任何一家公司都有属于自己的商业机密，这是一个公司生存和发展的重要保障。一个不能严守公司机密的员工绝对不是一个好员工。因为他们危害了公司的利益，没有为公司着想，或者只为自己的利益考虑，这样的员工势必不会得到老板的认可和欣赏，也就很难在事业的道路上走得顺利。

有一个比喻很恰当：商场如战场。既然商场如战场，那么，机密就是武器，也是战场所需的战斗力。每一个企业都非常重视机密的重要性，因此作为员工，必须严守公司机密，这是为公司着想，也是为自己着想。

当然，也有一部分人为了自己的私人利益，偷偷地将公司的机密泄露出去，这样的人虽然能得到暂时的利益，但也会因此失去更重要的部分——个人信誉，他们用个人的信誉换取暂时的利益，因小失大，是件不划算的事；

人的一生要面对很多诱惑，如果我们经不起诱惑，轻易放弃自己的原则，就会既危害别人的利益，也会给自己的名誉造成巨大损失。工作中，严守公司机密是作为一个员工所必须具有的最基本的职业道德，它代表了你对公司的忠诚和责任。严守公司机密，既是在维护公司利益，也是在维护自己的利益，因为任何一个员工都是公司的一分子，你的所获有赖于公司这个平台，如果公司这个主体遭受了巨大损失，那么你也无法得到更多的收获。

为了自己的私利而泄露公司的机密，这是职场中最不能被原谅的一件事，也是任何一家公司都无法容忍的事。泄漏公司机密是一种背叛公司、背叛自己的行为，是一种不道德的行为。这种行为给他人造成损失，同时也会给自己的职业生涯留下污点，给自己今后的事业笼罩上一层难以抹去的阴影。

启示语：

为公司保密应该是每一个员工的责任，它不能是一句空话，必须落到实处，从点点滴滴的小事做起，将自己视为公司的主人，时刻秉持维护信誉的原则。要成为一个好员工，必须具有这种责任感，时时处处维护公司的利益，这样才能赢得上司的赏识，获得晋升的机会。

第八章 >>>

自信的员工

只有有自尊心的人才能尊重别人，也只有有自信心的人才能知道如何相信别人。人与人之间互相尊重和信任，才能真正合作，才会使人们感到人间的温暖和快乐。

——罗兰

做一个自信的员工

“自信是成功的第一秘诀，自信是英雄主义的本质。”这是美国作家爱默生说的。

事实正是如此，任何一件事情是否能成功，关键要看做事者对可能与不可能的认识。一个坚强自信的人，虽然能力平庸，却常常能够成就神奇的事业，而有些天分高、能力强但疑虑与胆小的人却不能获得成功。因此，只要努力，并且相信自己，一切的不可能都会变成可能。

著名的奥地利心理分析专家阿德勒有过这样的经历：他的数学成绩很差，老师和同学们都说他笨，这让阿德勒认为自己是个数学低能儿，然而有一天他却做出了一道连老师都没有做出的数学题，从那以后阿德勒才发现自己的信心和能力，改变了对自己的看法。

是啊，自古以来，有许多失败者之所以失败，不是因为无能，而是因为不自信，自信才能使不可能成为可能，使可能成为现实；不自信，则会使可能变成不可能，使不可能变成毫无希望。

西点军人都知道，与金钱、势力、出身相比，自信是最有力量的东西，是他们从事军人职业最可靠的资本。自信能排除各种障碍、克服种种困难，能使事业获得完满的成功。

在《哈得逊周刊》的成功箴言里，毕业于西点军校的史迪威将军这样说：“我打了那么多次胜仗，其实说起来毫无秘密，因为我总能看到希望。”的确，自信是成功的一半。有自信的人能够过关斩将。

在公司里，很多员工总是用怀疑的口气问自己：“我行吗？这项工作这么复杂，技术要求这么高，我能完成任务吗？”这种员工的心理特别脆弱，连最基本的自信心都没有，害怕面对失败。还有的员工，初步的信心是有的，但是一经挫折，就半途而废，这是因为信心不坚定的缘故。所以，光有自信心还不够，更须使自信心变得坚定，那样即使遭受挫折，也能不屈不挠，向前进取，决不会因为遇到工作中的困难就退缩。

如果我们去分析研究"西点"那些成就伟大事业的卓越军人的特质、就可以看出一个特点：这些卓越军人在开始做事之前，总是具有充分信任自己能力的坚强自信心，深信所从事之事必能成功。这样，在做事时他们就能付出全部的精力，破除一切艰难险阻，直到胜利。

1951 年，英国的弗兰克林从自己拍摄的 X 射线照片上发现了 DNA 的双螺旋结构后，计划对此发表一次演说，但是因为自卑，他放弃了这次演说。1953 年，科学家沃森和克里克也有了同样的发现，从而提出了 DNA 的双螺旋结构假说，使人们进入了生物时代，并因此获得厂诺贝尔医学奖；

如果不是因为自卑，这个伟大的发现本来是属于弗兰克林的，因为自卑，他错过了这个成功的绝好机会。在清楚地认识到自己的优点以后一定要相信自己。

由此可以看出，你的成就大小，永远不会超出你的自信心的大小。同样在一个企业里，只要我们对自己充满自信，我们就能够在有限的时间内，把我们的工作做好，任何员工都应该把握每一分每一秒，抓紧地去完成任务。如果连你自己都不相信自己能把工作做好，那么上司和同事更不可能相信你，因此，要得到上司的认可，首先，也是最重要的就是要相信自己。

那些喜欢发牢骚、抱怨的人曾经也都有过梦想，却始终无法实现。为什么呢？因为他们的心中没有自信。因此，要让上司觉得你重要，就应该展示你优秀自信的一面。带着自信去工作，任何时候都不要无精打采，即使是在自己情绪低落的时候，也不要垂头丧气。

如果你不自信，那么，你很可能是对自己的能力或外貌自卑。自卑是件很可怕的事情，自卑的人很难做出伟大的成就。自卑的人对自己的能力缺乏了解，甚至产生怀疑。他们被眼前的困难所蒙蔽，总是谈论自己遇到的问题和碰到的困难，抱怨自己的命不好，他们把困难看得太重，一天到晚被烦心事包围着，以至于看不到自己的希望，看不到隐藏在困难中的机会。

要充满自信地面对工作，就必须战胜心底的自卑，找出你的弱点，以及阻碍你前进的障碍。只有找准了原因，才能治其根本。而自卑者自己都看不起自己，又怎能引起别人的重视与尊敬呢？与其无谓地痛苦与烦恼，还不如花点时间分析一下自己存在的问题究竟何在，思考一下如何面对，如何解决。

问题想得越透，心里的畏惧就越少。在找出使你自卑痛苦的真正原因之后，你就会发觉那些东西，其实根本没有什么了不起的。在放下了心里的包袱之后，你就能在力所能及的范围内追求自己能达到的目标，因此，你成功的可能性也就大大增强了。

工作中如若也有自卑的心态，那么你挑战困难的能力会像受潮了的火柴，燃不起奋进的火花。自己都不相信自己能做到，还没有开始做看到的就都是困难，那么困难在自卑者的眼里也会变得越来越大。

正确的评价自己，带着自信来工作，工作才是快乐的，才是高效的。

好的机会可以给人带来意想不到的成功，这是无须怀疑的。我们来看看西点的故事吧！西点军人坚强的自信，是他们成功的源泉。不论才干大小，资质高低，成功都取决于他们坚定的自信心。相信能做成的事，一定能够成功。反之，不相信能成功的事，那要想成功也很难。

启示语：

自信就等于成功了一半，一个人没有了自信，便不会获得成功。一个获得了巨大成功的人，首先是因为他拥有自信，自信的人会依靠自己的力量去实现目标，而自卑的人则只会凭借侥幸心理来期待成功的出现。

命运掌握在自己手里

1968 年 6 月 1 日下午，海伦·凯勒在睡梦中去世了，走完了奇迹般地一生。

海伦·凯勒 1880 年出生于亚拉巴马州北部一个叫塔斯喀姆比亚的城镇。在她一岁半的时候，一场重病夺去了她的视力和听力，接着又丧失了语言表达能力。然而就在这黑暗而又寂寞的世界里，她竟然学会了读书和说话，并以优异的成绩毕业于美国拉德克利夫学院，成为一个学识渊博，掌握英、法、德、拉丁、希腊五种文字的著名作家和教育家。她走遍美国和世界各地，为盲人学校募集资金，把自己的一生献给了盲人福利和教育事业。她赢得了世界各国人民的赞扬，并得到许多国家政府的嘉奖。

一个聋盲人要脱离黑暗走向光明，最重要的是要学会认字读书。而从学会认字到学会阅读，更要付出超乎常人的毅力。海伦是靠手指来观察老师莎莉文小姐的嘴唇，用触觉来领会她喉咙的颤动、嘴的运动和面部表情，而这往往是不准确的。为了使自己能够准确发音一个词或句子，要反复的练习，海伦从不在失败面前屈服。事实说明，有时候，毅力压倒一切。

从海伦 7 岁受教育，到考入拉德克利夫学院的 14 年间，她给亲人、朋友和同学写了大量的信，这些书信，或者描绘旅途所见所闻，或者倾诉自己的情怀，有的则是复述刚刚听说的一个故事，内容十分丰富。在大学学习时，许多教材都没有盲文本，要靠别人把书的内容拼写在她手上，因此她花费在预习功课的时间上要比别的同学多得多。当别的同学在外面嬉戏、唱歌的时候，她却在努力地学习。

海伦能够走出黑暗，达到那么高的学术成就，除了靠她自己的顽强毅力之外，同她的老师莎莉文的教导是分不开的。她说“我的老师安妮·曼斯菲尔德·莎莉文来到我家的这一天，是我一生中最重要的一天”，“她使我的精神获得了解放”。是她的老师教她认字,使她知道每一事物都有个名字,也是老师教她知道什么是“爱”这样抽象的名词。可以说,海伦的奇迹有一半是海伦的老师安妮·莎莉文创造出来的,是她崇高的献身精神和科学的教育方法结出的硕果。莎莉文小姐不管教海伦什么,总是用一个很好听的故事,或是一首诗来讲清楚,她的教育经验十分丰富,教育方法也与众不同,她从不把海伦关在房间里进行死板的、注入式的课堂教育。

海伦用顽强的毅力克服生理缺陷所造成的精神痛苦。她21岁时,和老师合作发表了她的处女作《我生活的故事》,在此后的60多年中,她共写下了14部著作。

对一个人来说,可能发生的最坏的事情莫过于他的脑子里总认为自己生来就是个不幸的人,命运女神总是跟他过不去。

其实,在我们自己的思想王国之外,根本就没有什么命运女神。我们是自己的命运女神,我们自己控制、主宰着自己的命运。

对一个自认为天生就是失败者的人,你能做什么呢? 成功是不可能来自于这种失败思想的,就好像玫瑰是不可能来自于长满荒草的土壤一样。当一个人非常担心失败或贫困时,当他总是想着可能会失败或贫困时,他的潜意识里就会形成这种失败思想的印象,因而,他就会使自己处于越来越不利的位置。

换句话说,他的思想、他的心态使得他能试图做成的事情也变得不可能了。如果你总是自我评价很低,如果你总是贬低自己,几乎可以肯定,别人肯定不会刻意去抬高你。人们通常不会费力去仔细思量你是否自我评价太低了。

我从未见过一位自我评价很低的人干成过一件惊天动地的大事。一个人的成就绝不会超过他的期望。如果你期望自己能成就大业,如果你强烈要求自己干一番大事,如果你对自己的工作有更大的抱负,那么,与自我贬低和对自己要求不高的心态相比,你会获得更大的收获。如果你认为自己处于特别不利的境地,如果你认为你如其他人优秀,如果你认为自己不能获得别人那样的成就,如果你怀有这些思想,那么,你根本就无法克服前进路途上的那些阻碍和束缚,这种思想意识使得你根本无法成为你心目中渴望的人物。

不断地自我贬损,总是把自己看得微不足道的人,总是认为自己不过是活在尘世上的一条可怜虫的人,总是认为自己绝无可能取得任何重大成就的人,会给人们留下相应的印象。有些出身低微的人生活得非常不错,而我们自己的境况反不如他们,甚至于一败涂地,我们往往认为有某种神秘的力量在帮他们,而在我们身上有某种东西总是在拖我们的后腿,但是,实际上却是我们的思想、我们的心态出了问题。

可以这么说,我们面临的问题便是我们根本不知道该如何提高自己。我们对自己不够严格,要求不够高。我们应该期待自己有更加光辉灿烂的未来,应该认为自己是具有超凡潜质的卓越人物。

假定你已成为你心中的理想人物,假定你已获得你渴望的那些品质,这样的话,你就会感到有一种强大的魔力,你就会感到有一种真正的创造力。

你也该以同样的态度对待成功。除了成功之外,你绝不应该再想别的事。一定要有成功的心态、成功的思想和成功的行为举止。一定要像一个成功者、像一个杰出人物一样行动,穿着打扮和思想都要表现得像一个成功者、一个杰出人物的样子。务必相信,你心中的图景、你的心态,便是你可能使之变为现实的蓝图。

启示语:

信心是命运的主宰,有时我想,要是人们把活着的每一天都看做是生命的最后一天,该有多好啊!这就可能显出生命的价值。世界上最好和最美的东西有时看不到也摸不到,它们只能被心灵感受到。对于凌驾于命运之上的人来说,信心是命运的主宰,它为我们开启机会的窗户。

树立一种不败的信念

树立坚定的信念是成功的秘诀。拿破仑曾经说过:“我成功是因为我志在成功。”如果拿破仑没有以成功为目的,他就不会有坚定的决心与信心,当然他的成功也是不可能的。所以,只有信念坚定的人,才能遵循生活的定律,获取成功的青睐。一个成功者曾这样问过自己:什么是不可能的事?经过深思熟虑后,他得到了答案:不可能的事,是因为不能坚持,没有信念。是啊,世上只有想不到的事,没有做不到的事。只要你有坚定的信念,始终坚持向着自己梦想的方向前进,“不可能”就不会出现在你的字典里。

石油大王洛克菲勒说过;“即使拿走我现在所有的一切,只要留给我信念,我就能把失去的再夺回来。”虽然洛克菲勒的话并没有被证实,但是,我们一定要相信,信念的巨大力量影响着我们每个人的生活,因为有信念就没有失败。

电影《神话》大部分人都看过,里面有这样一个情节,成龙扮演的角色用一把剑把自己的身体支撑住,死后也不倒下。这是为什么,因为这就是一种让自己永不倒下的信念。

所以,只要我们树立起一种不言败的信念时,我们就找到了成功的起点。我们的一生不可能是风平浪静、不经历一丝风雨的。例如一些天生就有残疾的人,他们靠着坚强的信念走向了成功,创造出常人难以创造的奇迹。所以,信念对于那些有志者来说,是成功的法宝和精神的寄托。

有一位癌症晚期的老人,亲人都守在他的身边,可是他还有一个最疼爱的小女儿未归来,家人都很着急,可是怎么也联系不上。几天过后,老人已经弥留,但是他仍然一息尚存。又几天过去了,当小女儿来到老人的床前时,老人缓缓地睁开了他那双已经深陷的双眼。当老人看到小女儿时,脸上出现了一丝微笑,然后缓缓地闭上了双眼,带着这最后的微笑飘然而去。

这就是信念的力量，人生最大的悲哀莫过于失去信念。积极的信念常常能够创造出奇迹，它可以让许多看似不可能的事变成现实。

梦婷曾经是一名警察，也是警队里唯一的女警，21 岁就以优异的成绩进入了刑侦大队。在梦婷进入刑侦大队的第二年，她为了抓捕一名在逃的毒犯，被毒犯击中了，毒犯也被昏迷之前的梦婷三枪毙命。当梦婷醒来时，她意识到自己的下半身已经没有一点知觉了——她的下半身已经永久性瘫痪了。

在那段时间里，梦婷一直都在思考一个问题：我是奋发向上，还是灰心丧气地活着？最后，梦婷选择了奋发向上，因为她对自己的能力仍然坚信不疑。此后，梦婷开始学习，因为她立志要成为一名优秀的教师。

几年后，当梦婷再次出现时，她已经成为了一名优秀的教师，她不仅实现了自己的目标，而且还获得了市高级教师的职称。

由此可见，信念对人生的影响有多么大。有信念就没有失败。正是因为大多数人失去了坚定的信念，所以他们才失败了。他们不能充分地相信自己，甚至认为自己无法成功。试想，这样的人能赢得成功的青睐吗？如果你是一个梦想成功的人，那么，首先就必须树立一种必胜的信念，当你拥有了这种信念时，也就拥有了一种征服的自信，一切的成功都会随着你的自信而到来。

记住下面这句话吧！它可能是你打开成功之门的一把钥匙：信念是一团藏在心底而且永不熄灭的烈火，在任何时候，只要你善于发挥这团烈火的力量，你将会得到意想不到的收获，走向成功也就指日可待。

启示语：

只有想不到的事，没有做不到的事。当我们树立了一种不言败的信念时，我们便有了成功的最强劲动力。

有信念才有成功

坚定的信念可以让平凡的人成就惊人的事业。那些胆怯和意志不坚定的人，他们虽然具有丰富的知识、聪明的头脑、高尚的品德，却无法成就伟大的事业。另外，信念也是打败恐惧的最好武器，是让我们勇敢的精神支柱。

美国的菲尔德先生四次铺设电缆失败，在众人的反对下，他毅然进行了第五次铺设，最终他发出了第一份横跨大西洋的电报。肯德基的创始人经过一千多次的拒绝，最终获取了成功。他们的成功都是与坚定的信念分不开的。

张海迪是中国家喻户晓的人物。她用自己瘫痪的身躯从零开始做起，如饥似渴地汲取知识，最终成就了她的事业。究其原因，是因为她具有积极的信念，知道如何用这种信念来激发自己的热情，来改变命运。

所以说，任何一件事情最终能否做成，关键在于做事者对“可能”与“不可能”的认识。只有那些树立了信念的人，才可能成就那些不平凡的事业。信念是让人腾飞的力量，对于那些立志成功的人来说，信念非常重要。它能够激发人们潜意识中沉睡的热情、精力和智慧。

维克托·弗兰克尔曾经是纳粹德国集中营中的一位幸存者，他说过这样的话：“在任何特定的环境中，人们还有一种最后的自由，就是选择自己的态度。”换句话说就是，一个人是否能成功，关键在于他的态度，成功人士与失败者之间的差别只在于成功人士始终用最积极的思考、最乐观的精神和最丰富的经验支配和控制自己的人生。失败者刚好相反，他们的人生受过去的种种失败与疑虑的引导和支配。

所以，永远也不要消极地认为什么事情是不可能的，只要你对自己拥有信念并加以努力，不可能的事也会变成可能。

有一对划小船出海游玩的情人，他们遇到了小型龙卷风，这场突如其来的灾难使这对情人迷失了方向,并且把他们吹到了离海岸很远的地方,他们只能看到一望无际的大海,根本望不到海岸线。

在经过一天的划行后,他们仍然看不到海岸线,也没有得到任何救援的信息。女朋友产生了一种恐惧的心理,她总是恐惧地问男朋友:我们会获救吗?我们会死吗? 随着时间的流逝,他们在大海上漂流了三天,所带的食物也没有了,唯一剩下的只是一瓶矿泉水。在这种情况下,女朋友的恐惧心理更严重了。

为了让女朋友恢复理智,男友对她说道:"不要害怕,你看,我们还有一瓶矿泉水,相信我们会很快获救的,我感觉得到,我们明天一定能获救。"第二天,男友仍然对女友说着同样的话。就这样他们在海上漂流了五天,在第五天时他们获救了,除了身体虚弱以后,他们都很健康,而且他们瓶子里的水还有五分之一。

信念让这对情侣生存了下来,同样是信念让女孩从恐惧中走了出来。是啊,当我们拥有坚定的信念时,信念就会产生出潜藏在我们身上的力量,使我们不再恐惧,并做出一些意想不到的事情来。

当然,只要你自己不被恐惧的心理打败,就没有任何人或任何事物可以击败你。生活中,我们不应该把自己局限在狭窄的范围内,应该发现真正的自我。还要知道,我们每个人都有创造的潜能,只要我们在遇到困难或者危险时能冷静而正确地思考,就能产生有效的行动,最终创造出让我们吃惊的奇迹。

美国的著名学者威廉·詹姆斯说过这样一段话:"只要怀着信念去做你不知能否成功的事业,无论从事的事业多么艰难、冒险,你都一定能够获得成功。"换句话,我们可以这样说,能保证成功的不仅仅是知识,也不仅仅是教养、经验、金钱,这些东西只能是一种辅助的物质,只有信念才是成功的真正原因。

所以,成功者在开始做任何一件事之前,对自己总是充满了自信,他们深信自己一定能够把这件事情做好,因为这样的心态,他们在做事的时候,很容易把自身所有的精力都投入到工作中,冲破一切艰难险阻,把所有挫折与困难都踩在脚下,直至胜利的到来。拿破仑·希尔说过:"信心是生命和力量;信心是奇迹;信心是创立事业之本。"所以,信念不仅让人得到成功,还可以让人战胜恐惧,让人变得勇敢。

启示语：

当你树立了坚定的信念时，那些沉睡的热情、精力和智慧就会爆发出来，让你在工作中获得巨大的财富和成就。

坚持走自己的路

一个人要穿越一片沼泽地。前方没有路，他便试探着一点点往前走。他左跨右跳，几经周折，居然也走了一段很长的距离，沼泽地的另一边也遥遥在望了。正当他满心以为自己将要走出这片沼泽地的时候，却一不小心踏进了烂泥里，沉了下去。

不久，又有一个人来穿越这片沼泽地。当他看到地上的脚印时，便想：一定有人走出了这片沼泽，我沿着他的足迹走肯定不会错。起先，他还伸脚去试探以后再踩上去，后来越走越安心，便大踏步地前进了。理所当然，最后他也踏进了那坑烂泥中，沉了下去。

在这个人之后，又有许多人前仆后继地赶来，并且乐此不疲地沉入了那坑烂泥里……

故事读到这里，不得不让我们心惊肉跳。或许我们中的有些人会想：那些人怎么那么笨呢，就不知道绕开了走吗？其实在生活中，有更多类似的泥潭。

成功者从不模仿别人，他们也不为大多数人的意见所左右，他们自己进行思考和创造。他们常常自己制定订划并付诸实施。大多数人都只是人口统计中的普通样本而已，是他们组成了芸芸众生。卓尔不群又能完全自立的人实在少得可怜。

亨利·比奇讲了他小时候学习自立的故事：

我被叫到黑板前，心里惴惴不安，抱怨个没完。“这一课必须得学。”我的老师声音很平静却相当有力。他从来不认可一切解释和借口。他总是说：“我要的是那个问题，我不想听到你没能回答那个问题的任何理由。”

“我学习了两个小时。”

“那对我没有任何意义。我要的是你背下这一课。你可以不必去学，或者你可以学上 10 个小时，随你的便。但我要的是你背下这一课。”

这对一个嫩小子来讲太难了，但我从中获得了益处。不到一个月的时间，我获得了巨大的勇气和独立思考的能力，我不再害怕背课文了。

一天，他那冷漠平静的声音在大庭广众之下落在了我头上："不对！"

我犹豫了一下，于是从头开始背，当我又背到相同的地方时，又是一声斩钉截铁的"不对"声阻断了我的背书进程。

"下一个！"

我坐了下来觉得莫名其妙。

那个同学也被"不对"声打断了，但他继续往下背，直到背完为止。当他坐下时，得到的评语是"非常好"。

"为什么？"我埋怨道，"我背得和他一样，你却说不对！"

"你为什么不说对并且坚持往下背呢？仅仅了解课文还不够，你必须深信你了解它。除非你胸有成竹，否则你什么都没学到。如果全世界都说不，你要做的就是说是，证明给人看。"

是啊，你看到的每个人几乎都依赖于某些东西或某个人。有些人靠他们的钱，有些人靠朋友，有些人靠衣装，有些人靠门第，有些人靠社会地位。但是，我们很少见到一个能完全靠自己堂堂正正地立身于社会的人——他靠自己的美德而生活，完全自立，果敢有为。当我们成人以后，我们就不能再原谅那些让我们依靠的人了，因为我们知道我们生来的权利就这样被剥夺了。当爸爸教小家伙怎样去做一件事时，小家伙总是很不以为然。但是，如果是他亲自做成了这件事，他会欣喜若狂。这种征服的新感觉是一种新增的能力，会助长一个人的自信和自尊。

启示语：

犹豫不决是任何一个人成功的天敌。只有训练自己敢于决断，才能把这个天敌死死压住，这就需要你学会做自己的主人，让自己充满信心。

自信者自强

有一个名叫格兰恩·长宁汉的人，自小双腿因烧伤无法走路。但是，他却成为奥运会历史上长跑最快的选手之一。他认为：一个运动员的成功，85% 靠的是信心及积极的思想。换句话说，只要你坚信自己可以达到目标，你就能够达到目标。他说："你必须在三个不同的层次上去努力，即生理、心理与精神。其中精神层次最能帮助你，我不相信天下有办不到的事。"

确实如此，将自己最弱的部分转化为最强的优势，这对我们任何人来说都非常重要。请你大声地重复这句话，并把它深深地印在脑海中。这绝对是可以做到的，你完全有能力将自己最弱的部分转化为最强的优势。

那么，如何将弱点转化为优势呢？下面几点可供参考。

1. 孤立弱点，将它研究透彻，然后设计一个计划加以克服。

2. 详细列出你期望达到的目标。

3. 想象一幅将你自己的弱势变成强势的景象。

4. 立即开始成为你所希望的强人。

5. 在你的最弱之处，采取最强的步骤。

6. 请求他人的帮助，相信他们会这样做的。

这套公式是由 H·C·马特思所设计的，他本人就是将弱点转为优点的最好的例子。

马特思曾是一个很消极的人，多年前的一个晚上，他散步到长岛的一处草地上，计划在那里自杀。生命对他已无任何意义可言，生活中已无任何希望。他随身带了一瓶毒药，一口喝尽，躺在那儿等死。

第二天晚上，他睁开眼睛，看到月光皎洁的夜空，十分惊异。他怀疑自己已经死了，他想不通自己为什么会没有死。他始终认为，这是上帝的意思。上帝希望他活下来，因为另有任务给他。他突然间重新有了生存的渴望。他感谢上帝的恩赐，让他活下去，并且下定决心，一定要活下去。

马特思成了一位特殊的积极思想者，他视帮助他人为自己生命的全部使命。

对于你来讲，你想克服的弱点是什么？恐惧、生气、伤感、失望、沮丧、酗酒，还是别的什么东西？无论是什么，我可以明确地告诉你，它绝对不能永远打败你。记住了这一事实，你就可以将最弱的地方转为最强。任何人只要愿意控制自己的弱点，愿意接受积极思想，都能做到这一点。信仰可以大大改变人的生活，新思想可以把旧的坏思想排挤出去。只有有意识地去改变自己才能真正达到目的。

事实上，每个人的性格中都有优点和弱点。问题是，你所强调的是自己的优点还是弱点？你靠什么来生存下去？如果着重在弱点方面，你将会愈来愈弱。如果你强调的是优点，你将会愈来愈坚强和自信。这个道理非常简单易懂。

但是，我们不能将自己的弱点与自我想象的弱点混为一谈。学习如何接受自我是克服弱点的第一步。大多数有自卑感的人总是把注意的焦点放在自我身上，也就是将目光放在弱点上。对不重要的事也以自我为中心来考虑，以为每个人都在注意这些事，其实并不是如此。

许多人经常找出自己性格上的小缺点，自认为这就是缺点，然后又费尽心机，使自己相信，“因为这个弱点，所以不能成功”。要解决这个问题，就必须先了解，我们每个人都能成功、快乐和坚强。所以你必须决定，你打算要突出哪一方面，这一决定权在于你。一旦你选择突出自己的长处和优点，自卑感便会消失，一种强而有力的能力便会取代你的缺陷及弱点，你便也会因此而走向成功。

启示语：

一个人只要有坚定的自信心。将自己的弱点视为一种挑战的机会，就可以将弱点转化为最强的部分。这种转化的过程有点类似焊接金属，如果有一片金属破裂，经过焊接后，它反而比原来的金属更坚固。这是因为高度的热力使金属的分子结构更为紧密的缘故。

第九章 >>>

有冒险、创新精神的员工

一些陈旧的,不切合实际的东西。不管那些东西是洋框框,还是土框框,都要大力地把它们打破,大胆地创造新的方法尧新的理论,来解决我们的问题。

——李四光

要拥有冒险精神

1929 年 10 月，美国经济大崩溃，华尔街股票暴跌，而这时，小洛克菲勒却做出了一个决定，建立洛克菲勒中心大厦——一个集娱乐场所和商业经营为一体的庞大建筑群。它将成为纽约市新的中心地带，可为全美国的商业建筑提供标准的样板。然而，在当时的情形下，对于这位世界上最大的一笔财产的继承人来说，建造这座大厦同样存在困难。大厦建造约耗资 1.2 亿美元，其中 4500 万美元是小洛克菲勒私人担保向保险公司举借的贷款，其余的资金全是他自己筹借的，小洛克菲勒甘愿冒一次险。

当时的美国，建造这么一个庞大的工程，而且是第一次作为一个整体群来设计和兴建多幢摩天大楼，是一项非常富有挑战性的事情。身兼慈善家和商人双重身份的小洛克菲勒并没有退缩，说干就干。而他的一系列举动也被一些经济学家批评，嘲笑之为“洛克菲勒蠢事”。

小洛克菲勒对于这些充耳不闻，在大厦的建造期间，股票市场还在继续下跌，他丝毫没有产生动摇，当雷蒙德·福斯迪克问到他时，他说：“我不知道是不是勇气，一个人往往进入只有一件事可做的局面，并无选择的余地。他想逃，可是无路可逃。因此他只有顺着眼前唯一的道路朝前走，而人们称它为勇气。”

洛克菲勒大厦落成时，他已经 65 岁，可是，这不仅代表了小洛克菲勒一生中最辉煌的成就，还为他的家族增添了绚丽的神话。

这个例子告诉我们什么呢？其实，在现在这个瞬息万变的时代大背景下，无论哪个行业，每天都在发生着一些或多或少、或大或小的变化，可也就是这些变化，往往会给我们带来许多不可预知的机会，若要把握住这样的机会，就必须要有冒险精神。

敢于冒险是一种勇气，一种不害怕失败的勇气，一种不在乎得失的勇气。只有敢于冒险的人才能成功，企业家把自己辛辛苦苦积攒下来的资金用于新的投资和发展，这就是一种冒险，是积极的冒险，权衡利弊后的冒险。

当然了，有的人之所以能在冒险中大获全胜，是和他前期所做的工作分不开的。我们不提倡那种毫不思索的冒险，或者是没有任何心理准备和行动准备的冒险，想要降低风险几率，那就得对风险有一个全面的认识。也正因为对冒险有所准备，所以常常能看到别人看不到的商机。最起码，你应该有过硬的心理素质，因为冒险的后果有两种，一种是我们想看到的，另外一种就是失败，所以，过硬的心理承受能力很重要。

做事情讲究的就是粗中有细，既要有胆识，有魄力，还要能把握事情的很多细节。而胆大妄为就是不顾事情的后果，或者是不理会应该遵守的法律、道德等等。现实中，我们周围有很多这样的人，他们不把别人的利益看在眼里，他们也失去了自己的良心，去干一些损人利己的事情，然后沾沾自喜，认为这就是魄力。魄力和胆大妄为的区别在于胆要大，但是不能妄为，不是胡作非为。

朱元璋小时候家境贫寒，虽然家贫，但他有常人没有的魄力和胆识。一天，朱元璋和伙伴们在山坡上给地主放牛，晌午时分，大家肚子都很饿，但是，还没到下午，谁也不敢提前回村。

大家议论纷纷，有的人说地主家整天鱼肉满桌，我们却连肚子都填不饱；有的说地主不放羊却有肉吃，我们整天放牛却没有肉吃。大家正为了肚子饿发愁，朱元璋突然站起来，对伙伴们大声说："眼前就有现成的肉，我们不如宰一头小牛吃。"

别的孩子一看有人做主，也就起哄，在朱元璋的指挥下，一头小牛就被他们烤了吃个精光。吃完了，问题来了，回去怎么交代呢？这时，朱元璋又出了个主意，他叫大家把牛的皮骨埋了，把血迹也清理干净，然后把牛尾巴插在石头缝里。

放牛回去后，朱元璋主动去告诉地主，说小牛陷到石缝里去了，只剩下尾巴露在外面拔不出来。这样的谎言地主怎么会相信，朱元璋挨了一顿毒打，被赶了回家。

小小孩童，就比别人多了几分勇气和魄力，虽然是一些孩童趣事，但他的这种性格也为他以后成就伟业埋下伏笔。

由此可见，做事情就要有一股冲劲，有魄力，敢于适时下手才能得到机会。在决策面前，如果错误我们当然要排斥，如果正确就应该一往无前地去做，而不应该为了那些多余的顾虑，不敢果断地采取行动。

启示语：

那些有所成就的人往往具备一定的冒险精神，有魄力才能成就大事，敢于冲锋陷阵的人就能夺得胜利，在任何困难面前，都要有挑战的勇气和决心。

要有魄力

院子里，拴着一头毛驴，毛驴的左右两边各放了一堆青草，毛驴犯难了，先吃哪一堆呢？在它犹豫不决时，来了一群牛把两边的草围了个水泄不通，结果那头驴什么也没有吃到。

这虽然只是一则寓言故事，却从一个侧面告诉我们，遇事不能犹豫不决、举棋不定，不然，就只能像那头毛驴一样，守着两堆青草却没有吃到。可是在现实生活中，有太多像这头毛驴一样的人，他们总是要等到考虑成熟了之后才去做一件事，殊不知，就在他们考虑的时候，机会已经被别人抢占了去。

德国大诗人歌德曾这样说："你若失去了财产，你只失去了一点，你若失去了荣誉，你就丢掉了许多，你若失去了勇敢，你就把一切都丢掉了。"很多事情就是这样，如果你一直在犹豫不决、瞻前顾后，就总会有越来越多的因素让你觉得时机还没有成熟，可是一旦当你勇敢地迈出了第一步，就会发现，事情原来并非当初你认为的那样。

在一家效益不错的公司里，总经理有一个奇怪的规定："谁也不要走进8楼那个没有挂门牌的房间。"但他没有解释为什么，员工们都牢牢记住了总经理的叮嘱。

一个月后，公司又招聘了一批新员工，总经理对新员工又交代了一次上面的叮嘱。

"为什么？"这时有个年轻人小声嘀咕了一句。

"不为什么。"总经理满脸严肃地答道。

回到岗位上，年轻人还在不解地思考着总经理的叮嘱，其他人劝他干好自己的工作，听总经理的没错，但年轻人却偏要走进那个房间看看。他轻轻地叩门，没有反应，再轻轻一推，虚掩的门开了，只见写字台上放着一个纸牌，上面用红笔写着：把纸牌送给总经理。

当他将那个纸牌交到总经理手中时，总经理宣布了一项惊人的任命："从现在起，你被任命为销售部经理。"

"因为我把这个纸牌拿来了？"

"不错，我已经等了快半年了，相信你能胜任这份工作。"总经理充满自信地说。

果然，年轻人来后，销售部的工作业绩月月攀升。

事实上，是否有魄力是由自己长期形成的性格和习惯所决定的，有人认为那些有魄力的人从小胆子就大，是天生的，而自己天生胆子就小。我们不否认这种性格因素的存在，可是，事情是没有绝对性的，而且，我们的性格一部分是来自于父母的遗传，而另外一部分则是通过后天养成的。所以，做事情优柔寡断的人可以有意识地培养自己的这种能力，从每一件小事做起，锻炼自己的胆量和勇气，慢慢地就会有所突破。而且，一个人是否天生胆小和做事情是否有魄力是两回事，胆小经常是小孩子的行径，是因为对事物认识不全面，害怕某种特定的东西，对于成年人来说，不能对某种事情有种畏首畏尾的态度，只要认为正确，就放手去冒一次险。

所谓的魄力十足，就是指人们在面对问题时能够勇敢地接受，因为机会不会在你犹豫之时还为你停留，它看见你犹豫不决，就会去找另外的人。魄力还有一种说法就是敢作敢当，因为承担责任是需要勇气的，很多人不敢做某件对他有利的事，一部分原因是因为他害怕承担责任。能够在困难面前力排众议，果断地确定自己的目标，这就是魄力。我们还能经常看到：在多数人没有想到的某件事情时，或许大家认为难度比较大，或许大家认为做这件事情得不到什么收益，就会有人站出来，用他的实际行动向大家证明了他的英明和魄力。

著名节目主持人杨澜是一个敢于冒险的人。她在事业处于最高峰时，毅然选择出国，这是一个很有魄力的选择。而事实证明她的冒险是成功的，她出国以后完全打开了另一片天地，杨澜在美国发展得很好，学习很出色，她毕业后，在美国有很好的媒体机构邀请她去工作，但她又一次做出一个有魄力的选择，那就是回国发展。这样一个睿智的女性，让我们看到魄力并不是男人的专利，它是一种敢于舍弃，而又敢于追求的人生态度。

启示语：

冒险是带有褒义的，而胆大妄为却是贬义词，鲁莽尧草率是中性词。我们做事情时，就像区别它们的字面意思一样，要避免因理解错误而造成一些不当之举。

勇于挑战极限

成功往往需要孤注一掷的勇气，有勇气的人才能享受成功带来的喜悦。至于如何趋利避害，以最小的投入换取最大的利益，则是个技巧问题。

有一年的国际名酒博览会中，第一次展出了中国名酒茅台，那时茅台酒虽然在中国享有盛名，但是在国际上却还是默默无闻。

展出的名酒都有着美丽高级的包装，茅台酒却因为没有好看的包装，而乏人问津。

展览会眼看就要结束了，经过展示茅台摊位的来宾，却都是看一眼就匆匆地离开，负责展示的人员因为无法向上级交差，心里愈来愈急。

这时一位展示人员灵机一动，“失手“打破了一瓶茅台酒，顿时场内香气四溢，许多来宾闻香而来，不多时，摊位上就集聚了大批来宾。

也因此，在这一次展览会中，展览的茅台酒厂接到了大批的订单。从此，茅台酒在国际上就有了市场。

机会在哪？机会就在你能否掌握自己的心态，能否过滤掉不当的情绪及思想。若你能很容易调整好你的心态，你就能达到任何你想要追求的目标。

退一步海阔天空。突破尊严，突破控制与牵扯你的思绪，你就能回到自信，回到成功之路。茅台酒的成功推销，正是对不当情绪的摒弃，而用积极心态去放手一搏的成果。

冒险可以给你带来一些全新的体验，一些你所未知的领域的体验，可以说，冒险的体验正是你生活中进步和快乐的本源，因此对于未知的事物完全不必心怀恐惧，也不必费心做那种无谓的尝试，试图把生活中的方方面面都规划好。如果你想让你的生活丰富多彩的话，那么就让你的生活多一些意外，多一些弹性。事实上，无论是你的工作，还是你的生活，如果总是重复同一个内容，你又怎么能有新的收获呢？你应该清楚，生活并不是可以预先设计的，所以对于不可预知的未来,你没有必要担心惧怕,你应该具有敢为人先的冒险精神,打破你的规矩,突破你的闭锁,去体验冒险给你带来的快乐。

看看这个小故事:有一天,龙虾与寄居蟹在深海中相遇,寄居蟹看见龙虾正把自己的硬壳脱掉,只露出娇嫩的身躯。寄居蟹非常紧张地说:"龙虾,你怎么可以把唯一保护自己身躯的硬壳也放弃呢? 难道你不怕有大鱼一口把你吃掉吗? 以你现在的情况来看,连急流都会把你冲到岩石去,到时你不死才怪呢?"龙虾气定神闲地回答:"谢谢你的关心,但是你不了解,我们龙虾每次成长,都必须先脱掉旧壳,才能生长出更坚固的外壳,现在面对的危险,只是为了将来发展得更好而做出的准备。"寄居蟹细心思量一下,自己整天只找可以避居的地方,而没有想过如何令自己成长得更强壮,整天在别人的庇护之下,难怪永远都没有发展。

是啊,工作和生活永远是变化无穷的,我们每天都可能面临这些变化。假如你根本没有仔细想过去冒险,长期下来就会失去斗志,既然有想要成功的欲望,那就要有这样的勇气,敢于承担风险,因为冒险与收获常常是结伴而行的。风险和利润的大小是成正比的,巨大的风险能带来巨大的利润。险中有夷,危中有利。要想有卓越的成果,就要敢冒风险,冒险意味着离成功更近一步。我们无法预测未知的事物的结果,但不论结果如何,都该试试。恐惧是面对未知时的正常反应,恐惧却依然需要试试,这就是冒险的真谛。冒险者的心态就是:就算不能成功,至少尝试过了。但就是这种心态,造就了他们的成功。不要害怕冒险,任何时候,如果有任何人或事情想要把你击倒,你要顽强撑住,只要对自己有信心,有放心一搏的决心,就应该采取行动,向前跨出一步。

启示语:

一个人必须坚持自己精神的独立和顽强的追求,突破环境的局限,开辟自己的路。如果不能坚持走自己的路,那一个人即使在顺境中也会平庸无能,一事无成。

挖掘自己的潜能

我们每个人的体内都潜伏着巨大的才能,但这种潜能酣睡着,一旦被激发,便能做出惊人的事业来。因此,我们必须重视它,并动手挖掘它。

有一个铁匠,他有一个儿子,从小就非常聪明,而且很爱学习,铁匠为此很欣慰,

一天,他做生意的老朋友来家里做客,饭间说起了儿子的事。这个老朋友问铁匠:"你儿子也长大了,他现在还和你学打铁吗?"

铁匠这样说道:"他很听话,而且学什么都快,我的手艺已经让他学得差不多了。"

"那么,老朋友,你是否想过,你的儿子现在就像一粒埋藏在土里的金子,完全不能发出他应有的光芒,即使跟你学一辈子,他也不能出人头地。你应该让他出去看看外面的世界,让他走一条全新的路。"这位朋友这样说道。

"不,如果让他和你一样去做生意,我敢说,他一辈子都学不到什么,如果让他和我一样打铁,虽然不能出人头地,但是养家糊口应该没有问题。"

铁匠和老朋友的谈话被儿子无意间听到了,他很伤心,总是在心里问自己:"为什么我就不行呢?"同时,他感受到了心中奔涌着的那股反抗力量。这种力量好像潜伏已久,如一直酣睡突然惊醒而变得不可抑制。这种不安于平淡的潜能终于从他的体内迸发出来,他相信自己一定能成功,于是拿着一些路费就跑到了城市里,从此走上了艰苦创业的道路。他和许多成功的穷人一样,用自己的潜能和努力奋斗创造了惊人的事业。

其实,每个人的聪明才智都是一种潜能,这种潜能需要在一定的环境中去激发和挖掘。如果没有创造展示聪明的机会,所有聪明的潜能都会和深埋的金子一样,永远散发不出耀眼的光芒。

谁都不知道自己拥有多大的潜能。许多科学家认为,人类的大脑只展现出

其中一小部分的潜能,而大部分都还处于沉睡的状态。虽然这些沉睡的潜能我们无法将其唤醒,但是我们可以将自身已经醒来的潜力完全发挥出来。

爱迪生曾经说过:“如果我们做出所有我们能做的事情,我们毫无疑问地会使自己大吃一惊。”其实,每一个人的自身都有着相当大的潜能。只是这种潜能的应用并不是发生在所有人身上,大部分人还没有认识到潜能对自身的帮助有多大,这些人也没想过如何去挖掘这些对自身有很大帮助的潜在力量。最终,他们只能将属于自己的潜能浪费掉了。

因此,我们没有理由压抑自己本身的潜能。无论遇到什么样的困难或危机,只要你认为你行,你就能处理和解决这些困难或危机。对你的能力抱着肯定的态度就能发挥出积极心态的力量,并且因此产生有效的行动,直至引导你走向成功。那么,如何发挥自己的潜在力量呢?

其实,一个人潜能的激发与朋友、亲人的信任、鼓励及赞扬有着很大的关系。为什么这么说呢?回顾现实生活当中,有许多老年人在他们还年轻的并没有什么杰出的表现,但是年老的他们却表现出过人的才能。他们有的是由于阅读富有感染力的书籍而受到激发;有的是由于聆听了富有说服力的演讲而受感动;但大部分还是由于朋友、亲人真挚的鼓励。

所以,你要努力接近那些了解你、信任你、鼓励你的人,因为他们给予你的鼓励、信任、赞扬对你激发潜能有着很大的帮助。对你日后的成功,具有莫大的影响。你还要多接近那些在社会上取得成功的人,因为他们志趣高远、抱负远大。你接近了这些人,就会慢慢地深受他们的感染养成奋发向上的精神,也会因此而激发出更多你还未曾开发出来的潜能。

启示语:

人生总是匆匆而过,对于一个人来说,生命总是短暂的,为了活出一个精彩的人生,无论在何种情形下,你都要不惜一切代价,走入一种可能激发你潜能的氛围中,走上自我发达之路。

超越自我

勇于走进某些禁区，你会采摘到丰硕的果实。打破条条框框，勇为天下先的精神正是开拓者的风貌。通常，具有果敢精神的个体，遇事总喜欢自己动手，自己思考，能够标新立异，对传统的习惯、陈腐的观念采取怀疑和批判的态度。

不管你所处的环境是多么恶劣，也不管你的担子是多么重，你绝对有能力扭转，所做过的美梦终会有成真的一天。然而如何才能实现呢？只要你敢于冒险，敢于挑战极限，就体验生命的壮观。果断做出决策，我们可能还有取胜的希望，否则，会连一点希望也没有。

敢想敢做，说得明了点，就是积极热情，就是良好心态的一种折射。当一个人缺乏生活的激情时，任何事都会对他产生很大的威胁，事事让他感到棘手、头痛，精力与热情也随之低落，就像必须用双手推动一座顽强牢固的墙，费好大的劲儿才能完成。

反之，想了，做了，那么愈投入工作就会变得愈可行，信心也跟着大增。因此，同样一件工作，在巅峰型者的眼中和在非巅峰型者看来，会呈现出不一样的情形。巅峰型者看见机会，非巅峰型者却看见障碍。全力以赴的巅峰型者能看见事情的积极面及其有可为之处；不投入的非巅峰型者却只看见难以克服的困阻，很快就气馁灰心。

天文家厄曼诺·博拉就是这样一位敢于打破常规而不落窠臼的博士。从伽利略的第一个小望远镜到最新型的400英寸的凯克望远镜，望远镜在体积聚光能力方面发展得快，但它们的共同点是镜面都是用玻璃制成的。博拉博士在加拿大魁北克省拉瓦尔大学的实验室安装了一部完全新式的望远镜——其主镜是一个8英尺宽，装有液汞的浅池。这不是天方夜谭，这个目前还在不停地旋转的8英尺镜面，是由于旋转使液汞扩散开形成一个光滑的抛物面，甚至比打磨得最好的玻璃还光滑。液面太空望远镜非常适用于宇宙学研究。

博拉的成功，在于他敢于想前人所不敢想，做前人所不敢做。由于液体太空望远镜造价仅是同样规格尺寸玻璃镜面的八十分之一，而且可以打破尺寸的限制，已得到广泛的应用。

其实，不落窠臼，敢为天下先，虽然是成功的一条捷径，但它毕竟要经得住来自同行的冷嘲热讽。不落窠臼，期望在某个方面有新的突破，获得新的成功，难免要对传统的观点、做法乃至过去行之有效的成功经验进行重新的思考和认识，并采取一些与众不同的方法、手段，就一定会招致一些冷嘲热讽。对付的办法就是：锁定目标，走自己的路，让别人去说吧！只有这样，突破与超越才有希望，也只有具有这种心态，成功与飞跃才会属于你。

中国资深传媒人士杨澜说过：万无一失意味着止步不前，那才是最大的危险。为了避险，才去冒险，避平庸无奇的险，值得。

1865 年，美国南北战争宣告结束，北方工业资产阶级战胜了南方种植园主，但林肯总统被刺身亡。

全美国沉浸在欢乐与悲痛之中，既为统一美国的胜利而欢欣鼓舞，又因失去了一位可敬的总统而无限悲恸。

后来的美国钢铁巨头卡内基却看到了另一面。他预料到，战争结束之后，经济复苏必须降临，经济建设对于钢铁的需求量便会与日俱增。于是他义无反顾地辞去铁路部门报酬优厚的工作，合并由他主持的两大钢铁公司——都市钢铁公司和独眼巨人钢铁公司，创立了联合制铁公司。同时，卡内基让弟弟汤姆创立匹兹堡火车头制造公司和经营苏必略铁矿。

上天赋予了卡内基绝好的机会。美国击败了墨西哥，夺取了加利福尼亚州，决定在那里建造一条铁路，同时，美国规划修建横贯大陆的铁路。在这种形势下，卡内基克服重重困难发展钢铁事业，还买下了与钢铁有关的专利。

但在 1873 年，经济大萧条的境况不期而至。银行倒闭，证券交易所关门，各地的铁路工程支付款突然被中断，现场施工戛然而止，铁矿开采及煤矿开采山相继歇业，匹兹堡的炉火也熄灭了。

在最困难的情况下，卡内基却反常人之道，打算建造一座钢铁制造厂。他走进股东摩根的办公室，谈出了自己的新打算，寻求合作，因为他认定萧条时期的成本会比平日低一半左右，他要抓住这个良机。

果然,成本比他原先的预计便宜多了。这令卡内基兴奋不已。

1881 年,卡内基与焦炭大王费里克达成协议,双方投资组建 FoC 佛里克焦炭公司,各持一半股份。同年,卡内基以他自己三家制造企业为主体,联合许多小焦炭公司,成立了卡内基公司。卡内基兄弟的钢铁产量居全美的 1/7,正逐步向垄断型企业迈进。

就这样,卡内基敢于反常人之想,敢于发现,也敢于利用逆境促成的良机,抓住了逆境特有的有利因素,走向了成功的事业之巅。

启示语:

世界上没有万无一失的事。无限风光在险峰,没有风险,就不会有波澜壮阔的人士旅程,就不会有绚丽壮美的人生风景。只有冒险才能更好地拓展流光溢彩的人生!生命的历程就是一次冒险的旅行,要成为弄潮的勇士,就要敢于挑战人生的波峰浪谷援就要有“不入虎穴、焉得虎子”的胆识和魄力。

培养自己的创新能力

每一个人的能力几乎都没有限制。当我们给自己的能力设定了一个极限时，往往这个设定的极限离自己实际的极限很远。原因很简单，人们通常依照自己以往的经验而设定自己的极限，以为这样就能避免失败。其实这是一种浪费智慧的举动。

我们任何人都有一种潜在的创新能力，这种能力可以大大提升我们各方面的能力。那么，该如何去培养创新能力呢？以下有几个方法不妨试试。

一、保持对事物的好奇心

当一个人对某件事物持有很强的好奇心时，往往会想尽一切办法去搞清楚这件事物的特性，这时候往往能够从中找到自己的乐趣，也因此能够发掘出自己的潜能，这样的人也最容易突破常规，有所创新。相反，那些好奇心不足的人，也是怠慢自己智慧的人，几乎都属于自我防卫型，对变化采取抵制的态度。对新生事物缺乏兴趣，当然谈不上富有挑战精神了。对于全新的或自己不了解的东西，如果人们平时没有形成主动吸收的习惯，到了关键时刻，便会出现抵制或是逃避的心理。好奇心的缺乏，必然导致对环境和变化的敏感度降低，从而在面对新的形势和需求时难以做出适时的调整，这样必然贻误有利战机和丧失发展的机会。

有人说创新的驱动力就是好奇心，好奇心对原始创新是至关重要的，原始创新不是事先能够预料的，往往是在好奇心的推动下突发的一种创造性思维。所以，在生活中我们必须保持对事物的好奇心。

二、对现有的知识和技能要永不满足

工作中，如果你对于自己现有的知识和技能保持一种满足的心态，那么你永远都不会有进步，也不会有所创新。所以，什么时候都要以一种敏锐的、全新的思想来看待身边的事物，只有不满足于现有的知识和技能，才能为创新提供动力。

三、用心观察每一件事

没有敏锐的洞察力，就表示这个人发现不了已有事物的优缺点，就不会意识到怎样进一步改进。而且，只有善于发现原有事物的优缺点，在进行创新时，才能够吸收原有的优点，避免原有的缺点。所以，用心观察对于培养创新能力也有着重要的作用。

正如我们现在PC机普遍使用的Windows操作系统一样，只有善于观察和搜集原有版本的信息，才能够改进出更为强大和完善的新版本。

四、集中所有的注意力

华罗庚也说："天才比常人能更高度地集中注意力。能长时间集中注意力勤奋工作的人，才可能成为天才遥"华罗庚本身就是这样的天才。创新能力必须具备的一个要素就是集中注意力，注意力集中的程度决定了思维的深度和广度。只有把自己的注意力集中到一件事情上，才能全心全意地去思考其中的问题，因为一个有天赋的人如果做事情注意力不集中，是不会得到认可的，即使他具备创新精神，也会被自己的三心二意无情抹杀。

五、拥有良好的积极心态

当我们怀有一种快乐的心情时，思维就会很活跃。所以，为自己营造一个和谐的环境并保持积极的心态对于创新能力的培养非常有意义。其实，这是一个很简单的道理，因为每个人都有过这样的经历，那就是人逢喜事精神爽，人在遇到高兴的事情时，心理和生理会有积极反应，比如平时认为的一些不可能办到或者是没有想到办法的事情，此刻可能很容易就能解决。所以，我们有必要让自己保持积极的心态，在面对任何事情的时候，都要热情对待，而且迅速地排解掉一些消极的不良的情绪，让快乐的思绪带着自己一起飞舞，积极地去面对世界。

启示语：

一粒深埋的金子，如果你不去把它挖掘出来，那么金子永远也不会发光。我们每个人心中的潜能也一样，只有你去有意识地挖掘培养，才能发出应有的光芒。

创意改变一切

无论在哪个时代,团队必须有新的创意来改变现有的状态。当局面陷入被动,比如销售业绩出现下滑、产品质量遭到质疑时,一个小小的创意就可能会改变这种被动的局面。个性化的时代更是要求我们必须具备创新精神,如果不懂得创新,照搬照抄别人的成功的经验或者是设计,这样的做法是不会有所成就的。

很多创新都是由一些奇奇怪怪的想法产生的,创造者是那些热衷于从千头万绪或支离破碎的背后发现亮点,他们突破现有的束缚,找到最好的方法。只有以创新作为自己的行为理论,应用自己所学的知识,敢于发现现在的不足,才能取得更大的突破。

我们常说的知识,就是说这个人对已知世界了解了多少,也意味着这个人水平的高低和能力的大小,但是这并不能说明知识就是创新。创新是对未知世界的探索,当然它要求必须有一定的专业知识做基础。通用汽车公司总裁杰克·韦尔奇说:“在目前这个竞争激烈的新经济时代,一个企业家最差劲的表现就是缺乏创新、不思进取。”

想要打开一个全新的局面,就必须要求我们突破现有的常规,突破现有知识的束缚,有一种把不可能变成可能的精神和能力。一百多年前,当时的科学界几乎达成了共识,那就是用金属制作的机械飞不起来。但是作为工人出身的莱特兄弟偏偏对这个理论怀有质疑,他们坚信可以突破这个科学家认定的事实,他们反复研究、无数次的试验,把不可能变成可能,造出了飞机。到了现在,更为先进的制造飞机技术和飞行技术更是当时的人们所想象不到的,但一切都变成了可能。

想要把一切变成可能,最起码应该有这个胆量,要相信创意无处不在。日常生活中，我们经常会发现，很多广告商会千方百计的请明星代言自己的产品，这样会使销售额迅速增加。可是，很多广告商也正是因为这个苦恼，因为找不到明星代言。来看看这个美国的出版商是怎样将他的设想付诸行动的。

这家美国的出版商由于库存长期积压，一批滞销书在手中久久不能出售。图书发行出了问题，发行员有着不能推卸的责任，就因为这个问题，使得发行员杰里陷入了深深的困惑中。假若这批书再卖不出去的话，老板只能把书当成废纸卖掉，或者是打成纸浆。不论是哪种处理方法，对于杰里来说都是毫无益处的。因为没有发行量，他就拿不到奖金，可能还要扣工资，更严重的就是被解雇。杰里一定要改变这种状态，他苦思冥想，想到了一个办法。当他把想法告诉老板后，老板没有抱太大的希望；又因为很欣赏杰里的创意，所以，勉强让杰里试一下。杰里看到了希望，他决心一定要把这个想法实现。

杰里和总统有过同学之谊，他决定要试一试。于是，他送给总统一本书。忙于政务的总统哪有时间来看他的书，为了应付他，说了一句："这是一本好书。"

这个回答正是杰里想要的，他回去就制作了这样的一条广告：这是一本总统先生喜欢的书，预购从速！

不用说，没有几天，那批书全都卖出去了，滞销书变成了畅销书。

之后，杰里又拿了另外一本书给总统送了过去。总统听说了上次的事情后，不敢轻易给出好的评价，就说："这书不怎么样。"

不过，这样的回答也没有难倒杰里。杰里回去后这样做广告："这本书是总统认为最糟的一本书。"结果书又被抢光了。

第三次，杰里照样拿了一本书送给总统。这一次，总统没作任何的评价。

可是，杰里又这样做广告："这本书，总统还没有确定是好是坏，预购从速。"这批书还是被一抢而空。

杰里实施完这个计划之后，毫无疑问，他成了公司里业绩最好的员工，自然也就得到了更多的奖金和表扬。

这个故事乍一听，觉得很好笑，可是，细细一想，很多创意不就是这样吗，需要人们动脑子去想。

通常，我们思考问题的方式往往局限在常规模式下，在遇到或处理相似问题的时候，就会走常规的路线，这样的好处就是能少走弯路，节省时间。但是，想要有所创新，那就得打破这种常规，不能陷入以往的思维模式，要有勇气进行新的尝试，别出心裁。现在的常规还没有被淘汰的时候，我们就要另辟蹊径，走出一条更新更好的道来，就能够在常规不能适应新环境的时候，找到新的出路。

启示语：

创意的确是无限的，只要我们肯去想，那么有什么事情是办不到的，有什么事情是我们无法解决的呢？一个小小的创意改变的不仅仅是现有的状态，它给我们开辟的局面将会更加宽广。

第十章 >>>

不放弃、不抛弃的员工

人生的乐趣不仅在于达到某一目标的那一刻，而更在于继续不断地努力追求之中。在这努力追求的过程中，我们会觉得生命有意义，活着有价值。

——罗兰

永不放弃

成功与失败往往只有一线之差，前面的大部分困难已经让我们精疲力竭，在这个时候，就算一个小小的障碍也有可能让我们前功尽弃，如果我们想取得胜利，只有咬紧牙关坚持下去，这样胜利才会随之而来。

有这样一段话："只要坚持不懈地努力下去，总会得到你想要的。"是啊，当你对一件事持有永不放弃的精神时，你就会得到一个圆满的结果。

美国第六任总统亚伯拉罕·林肯先生，是世界上最伟大的失败者，也是最伟大的成功者。他在经历了无数次的失败后，终于在生前成功了一次，这一次的成功也为他带来了丰功伟业，也成就了美国大部分人民的幸福。

这是《兄弟》杂志上对亚伯拉罕·林肯先生的调查研究结果：

他出生在一个贫苦的家庭；

他说话并不标准，而且满口乡音；

没有出众的相貌，还有些丑陋；

他 31 岁时生意破产，身无分文；

他 32 岁竞选失败；

34 岁竞选再一次失败；

34 岁他的妻子去世；

36 岁由于伤心过度神经受损；

38 岁竞选议员遭受失败；

41 岁竞选议员同样失败；

43 岁竞选议员失败；

46 岁竞选议员失败；

48 岁竞选议员失败；

53 岁竞选议员失败；

55 岁竞选参议员失败；

56 岁竞选副总统失败；

58 岁竞选参议员失败；

60 岁竞选总统成功。

亚伯拉罕·林肯总统经受过如此多的失败与挫折，但是他仍然坚持不放弃。他有一句名言：成功是屡遭挫折而不气馁。正是因为他不放弃的态度，决定了他成功的结局。

前进的道路上，我们没有任何权利去嘲笑那些不断前进的人，因为他们不断前进，永不放弃，坚持不懈地奋斗，所以他们获取了成功。然而，那些面对任何困难或者挫折就轻言放弃的人，永远也到达不了终点。

回顾历史，为什么会有雷斯与贝尔争夺电话发明权的案子呢？曾经宣布自己发明了电话的雷斯最终败给了贝尔，这是法院的最终判决。这究竟是怎么一回事呢？其实雷斯之所以失败，仅仅是因为他比贝尔少转动了一个螺钉的四分之一圈，使间隔电流转为等幅电流。雷斯没有坚持下去正是失败的原因，所以，一种永不放弃的精神是成功路上不可缺少的。

当然了，要做一个永不言弃的人，就必须从小处人手，加强自身的修养，锻炼自己多方面的能力，还需要从事自己喜欢的工作。如果你做的是一件自己不喜欢、不感兴趣的事，那么永不放弃的奋斗非但享受不到成功的乐趣，还会让自己陷入迷茫的困境中。

有一位成功学者说过这样一段话："一个人的成功与否取决于意志力的强弱。意志坚定的人，他会想尽办法去克服前进道路上的种种困难，排除层层障碍，最终走向成功。意志薄弱的人，当他们遇到困难与挫折时，只想着退缩，最终归于失败。"是啊，意志力坚定的人，他们都是永不放弃者，他们用自己的行动证明了自己成功的历程。

就像下面这名医学专家一样，他努力试着发明一种新的药品，可是经过多次的失败，他对这项计划失去了全部的耐心与信心，就在离成功一步之遥的地方，他放弃了自己努力几年的成果。当另一位医学专家用他所研究的资料发明了药品之后，他才后悔自己为什么不再试验一次呢？原来另一位医学专家只是比放弃的那位多做了一次试验，多用了一个星期的时间。

成功往往就在自己坚持之后。如果你把放弃的念头打压下去，让自己拥有一种永不言弃的精神，那么，你最终就会取得不同凡响的业绩。这样的人足以获得大家的钦佩和敬仰，因为他们竭尽全力、坚持不懈地为自己的事业而奋斗。即使他们会因为某种原因而没有走到事业的最前方，他们也在永不放弃和坚持不懈的奋斗中成就了自己的人生，铸就了自己的辉煌。

正如下面这段话所说："我们在面对任何困难与挫折时一定要坚持下去，以永不放弃的心态去打败那些困难与挫折，只有如此，才能进身成功的巅峰。"

启示语：

当你面对苦难的时候，千万不要泄气，不要绝望，要坚持硬挺下去。在苦难达到极点的时候，你一定要提醒自己：苦难不会持久，强者却可以长存！这样任何苦难和挫折都会倒在你的脚下。

坚持才会有胜利

在我们身边的那些人，或许在我们本身都会说出这样的话："我已经尝试过好几次了，可我还是失败了。"其实，现在的失败并不是真正的失败，因为他们还没有对成功失去追求。失败的真正含义是：倒下去永远站不起来。这也正是那些成功者与失败者之间的区别：成功者失败后从不言败，在一次又一次的挫折面前，总是对自己说："我不能倒下去，只有永远站着才有成功的希望。"相反，失败者总是把挫折当成失败，从而失去了走向成功的信心。

"肯德基"连锁店的创办人是一位 65 岁的老人桑德斯。65 岁的桑德斯在拿到他平生第一张只有 105 美元的救济支票时，内心极度沮丧。他这样想道：我为大家做出过什么样的贡献呢？我有什么地方可以得到回报呢？我有理由去责怪社会或者写信去骂国会吗？当他把这些问题仔细想过以后，他为自己之前的几十年感到伤感：原来我真的没有什么值得大家回报我的地方。至此，桑德斯开始思量起自己的所有，于是决定找出自己值得大家回报的地方。

桑德斯几经思考，他想到了自己还有一个人人都会喜欢的炸鸡秘方，但是一摸自己的口袋就只有 105 美元的救济支票，不禁怀疑：我有实力把自己的饭店开办起来吗？他又想道：我可以把这份秘方卖给饭店啊！可随后他又否定了自己的决定，因为他想到自己把秘方卖了最多也只能支付几个月的房租。

桑德斯经过左思右想，终于想到了一个两全其美的办法："我可以把秘方卖给饭店，然后我从卖炸鸡所得的利润里抽成不就可以了吗？"

一个好的点子，如果没有行动也不会有所成就，桑德斯是一个懂得行动的人，他有了好的想法就会把这个想法付诸实施。此后的日子里，桑德斯挨家挨户地上门找餐馆的店主，他对店主说："我有一个非常受欢迎的炸鸡秘方，如果你用了这个秘方，你的生意一定能够得到很大的提高，而你们只需要从营业额里给我抽提成就可以了。"

桑德斯的想法让很多餐馆的店主感到不可思议，很多人都嘲笑他："算了吧！你也不先照照镜子，如果你真的有一个好的秘方你还会穿成这样吗？快走吧！你再不走我就要报警说你妨碍我做生意了。"这样的打击对于桑德斯并没有产生多大的影响，他仍然坚持着自己的想法，也遵循着自己的信念，他相信只要自己坚持下去就会获得成功。

桑德斯一直坚持着推销他的炸鸡秘方，在经受了1009次的拒绝和上百次的嘲笑后，他取得了最终的胜利，在他第1010次推销秘方时，他听到了一个等待已久的声音——同意。这时桑德斯哭了，他为"同意"这两个字而哭泣，他回想自己在过去两年的时间里，驾着那辆又旧又破的老爷车踏遍了美国的各个角落。当他困了，就和衣睡在后座，一觉过后，又为自己的秘方继续寻找合伙人。饿了，就把向别人示范所用的炸鸡当作食物。这种种情景在桑德斯的脑海里转个不停，此时，他把两年间所有的苦与难都发泄了出来。

是啊，世间有多少人能够像桑德斯这样，在经过1000多次的拒绝与打击后仍然坚持不懈呢？除了那些具有伟大成就的大发明家，我相信很少有人能受得住这样的拒绝次数。不说桑德斯经历了1000次，就算100次拒绝，我们身边也很少有人能坚持吧！这就是成功者之所以成功的秘诀。

我们如果遇到了问题，就要想办法解决，尤其是难以解决的问题，更是对我们的考验，只有想办法去解决，我们才不会为此烦恼万分，只有对这些问题无所畏惧，我们才会取得成功。

如果我们没有坚持，轻易地放弃，这就意味着我们已经开始走向失败。放弃不只是手头的问题无法解决，还导致人格的最后失败，因为放弃会使人产生一种失败的心理。坚持不是手段，而是一种信念，在你的成功之旅中，往往发挥着重要的作用，不轻言放弃就是你人生成功的第一步。

只有我们奋勇当先，我们才能达到人定胜天的境界。这句话对我们的启示是什么呢？其实我只是想告诉大家，在这个世上，只要我们坚持自己的理想，只要我们努力地去做，我们就能战胜一切，就能取得成功。如果我们对做的事没有一颗恒心，做到一半就放弃，就永远达不到目的。

启示语：

大家在做任何一事件时，都要持之以恒，在失败以后要找到失败的原因，为自己下一次的成功打下良好的基础，以便下次能更好地解决问题。

成功在于坚持

一位成功者在对自己的员工讲述他如何走向成功时，最后给员工们留下了这样一段话，也正是因为这段话，使得他公司的一部分员工成为他未来的得力合作伙伴，使自己的公司更上一层楼。

当时，这位成功者这样说道："你们要永远记着成功的两个原则，第一个原则是：持之以恒，在你们面对困难和挫折时，你们应该持之以恒地坚持下去。第二个原则是：当你们遇到困难和挫折想放弃时回头看看第一个原则：持之以恒。"

成功之道在于持之以恒，如果不能坚持下去如何能够有所成就。例如下面这个故事：

乌龟的行动是缓慢的。有一次，一只年轻的乌龟听到大家说狮王要举行婚礼，邀请所有的动物去参加。乌龟就想，既然是邀请所有的动物，那么，我也应该去参加狮王的婚礼。在打点好一切后，乌龟踏上了旅程。

在路上乌龟遇到了许多动物，天上飞的，地上爬的。路上有小鸟嘲笑它，小鸟对乌龟说："乌龟啊乌龟，你认为你有能力去参加狮王的婚礼吗？按照你的速度，不知道哪年哪月才能到那儿，你还是回去过你的舒心日子吧！"

乌龟不为小鸟的嘲笑所动，仍然坚持自己的想法。就这样乌龟爬了许多年，终于到了狮王的住所，很巧的是，狮王家正在办一场婚礼。

原来，乌龟错过了上一代狮王的婚礼，这一场婚礼正是这一代狮王所举行的。

试想，如果乌龟听从了小鸟的话，还能参加新一代狮王的婚礼吗？答案是不能。

所以，成功往往都是在坚持之后才出现的。

还有一句话如此说道："成功者与失败者之间的差距只有一点点，往往都是一步之差。"例如：失败者只把水烧到99摄氏度，而成功者却比失败者多坚持了一会儿，把水烧到了100摄氏度，水终于沸了。又或者当你在行走了999步时遇到了阻碍而放弃前进，但成功就躲在1000步之后。所以，只要你持之以恒坚持下去，再走一步就是成功。

1952年，艾德蒙·希拉里攀登世界最高峰珠穆朗玛峰未获成功。他在一次团体演讲上就自己的失败说道："珠穆朗玛峰！你第一次打败我，但是我将在下一次打败你，因为你不可能再变高了，而我却仍在成长中！"

第二年的5月，艾德蒙·希拉里成功地成为第一位登上珠穆朗玛峰的人。

我们的一生中会遇到许多困难。当你遇到困难时，只要坚持下去就会找到解决困难的办法。就像艾德蒙·希拉里一样，在失败以后，他并没有因此而放弃，而是在成长中坚持着打败珠穆朗玛峰的信念，最终征服了这座世界最高峰。

失败者摔倒后就不会再站起来，他们已经让失败占据了上风，把所有的自信都打碎了。而成功者摔倒后会立刻站起来，把失败的原因找出来，然后想方设法地去解决这些问题。

所以，当大家遇到挫折时，只要全身心地投入进去，尽自己最大的努力去解决它，那么，困难就只是暂时的阻碍。

当然，发生在我们身上或是身边的例子也很多，就以许多做推销的业务员来说吧！他们当中不乏成功者，当然失败者更多。他们之所以会失败是因为他们往往对失败的结论下得太早，开始遇到挫折时也许会坚持下去，但再次遇到挫折时他们就会对自己的工作产生质疑，在不自信的心态下他们选择放弃了自己以往的努力，使得之前的工作付诸东流。

所以，我们要记住这样一句话：只有经历过风雨及种种苦难的考验，才能赢取最终的胜利，因此，我们应该拥有持之以恒、决不放弃的精神。永远相信：成功者永不言弃，言弃者永不成功。

启示语：

在成功的路上，我们经历了痛苦的失败尧磨炼人意志的挫折尧阻碍前进的困难。在这种情况下，应该放开心胸面对它们，并坚持下去，也许在某一时刻，你会惊喜地发现自己已经站在成功的终点了。

失败是成功之母

失败者往往把一次小小的挫折看得太重。这些失败者,只要一倒下了就再也站不起来。然而,那些成功者则永不言败,在一次又一次地倒下后,他们又一次次地站起来与挫折和困难决斗。他们总是对自己说:"我倒下了,并不代表我失败,因为我还有决斗的力气。"

在我们上小学时老师就会告诉我们一个道理:失败是成功之母。是啊,成功永远都是在失败之后才能得到。但是,这句话的意义也只有那些坚持不懈并具有积极心态、自信主动的人才能领悟。

爱迪生失败了上千次之后才成功地发明电灯,借此我们就应该知道,有成功就有失败,有失败也同样会有成功。正如一位成功学家所说的:"成功与失败是相辅相成的。一个没有失败过的成功者,不一定能守得住现有的成就。而一个失败过的成功者,他定能守住自己现有的事业。"

生活中,任何人都会遭遇不同的挫折,这些挫折我们不可能避免也不能避免,因为我们始终有自己追求的目标和前进的方向,只有打倒这些挫折,我们才能看到追求的目标和要到达的目的地。挫折与困难对于那些消极的人来说是灭顶之灾,而对于那些领悟了失败是成功之母所包含的意义的人来说,挫折只会把他们锻炼得更加成熟而坚强。

失败并不是死亡,失败与成功只是相隔一线。即使当前失败了,只要有再来一次的勇气,获得成功并非难事。正如一位成功者所说:"失败意味着三种情况,一是我们选择的路不通;二是某种原因的阻碍,只是我们还没找到;三是差一点儿坚持。"

丘吉尔说过一句至理名言:"被克服的困难就是胜利的契机。"的确,伟大的成功都是在无数次的失败以后才得到的。没有经过痛苦与磨难的人,他的人生不是一个完整的人生。未曾有过失败的成功不是真正的成功,因为只有经过一次次的失败才能积累起获取成功的经验。另外,世上没有任何一个幸福者不曾经历过挫折与困难,也没有任何一个成功者的伟大成就不经历失败与磨难。翻开那些伟人成功者的历史,就可以见证他们经过了多少风吹雨打,吃过了多少酸咸苦辣。所以说,失败是通往成功路上必须经历的一道坎,成功在跨过这道坎之后才会到来。

但是,取得成就的只有一小部分人,另外的大部分人,他们对自己的失败总是怀恨在心,看到相似的人或事时,他们会想起那段不快乐的事;有人提起时,总是会令他们无法克制自己的情绪,又一次掉入记忆的深渊,让那些失败的痛苦一直消磨着自己的意志。所以,我们更加肯定一点:成功固然重要,但是失败的经历也同样重要。只有在失败之中才能找到获取成功的经验。每个经历过失败的人都把失败的经验总结再总结。失败的经验,给我们提供了许多宝贵的东西,让我们知道了如何把未来的生活过得更有意义。

莎莉·拉菲尔是美国著名的广播员,在她 30 年的广播职业生涯中,她被辞退过 18 次,可是 18 次的失败换来了她更大的成就。

每一次失败之后,莎莉都会鼓起勇气,再一次把自己放眼于最高处,确立比上次更大的目标。正因为她这种折不断、压不弯的意志,让她获得了两次重要主持人奖项。莎莉这样讲述自己的失败经历:“我曾经被辞退过 18 次,在这 18 次辞退中,我曾想过退出,但我坚持走了过来,我反而让它们成为鞭策我勇往直前的一种动力。”

是啊,失败往往具有唤醒睡狮、激发出人潜在的力量,引导人走上成功之路的特质。正如爱迪生所说:“我喜欢成功的感觉,但是失败也是我需要的,对于我来说,成功与失败都具有同样的价值,只是它们的取向不一样。只有在我失败以后,我才能找到成功的方法。”这是他在许多次失败以后总结出的一条宝贵经验。也告诉我们:只有不害怕失败,只有在深知了失败意味着什么之后,才有可能获取成功。

启示语：

拿破仑说过：冶失败是为了下一个成功。冶天下之事哪有不劳而获的？如果能利用种种挫折与失败，来促使你更上一层楼，那么一定可以实现你的理想。看过世上那些伟人经历的人一定会知道，他们的功业彪炳史册，但都经受过一连串的无情打击。只是因为他们都坚持到底，才终于取得辉煌成果。

把困难踩在脚下

“走下去，别停下，才有希望得到成功。”这是一句多么经典的话，难道不是吗？当我们把面前的挫折与困难踩在脚下时，我们就会得到更多的力量和勇气，也才能更容易取得成功。

拳手每次在赛场上倒下都会努力让自己用最快的速度站起来，因为他不想失败。对于我们来说，前进的路上坎坷无数，即使倒下也要像赛场上的拳手一样，用最快的速度站起来，并把阻碍自己成功的障碍打败。

泰国商人施利华的故事就是一个很好的写照。在亚洲金融危机之前，施利华在股票市场发了家，有了资金的施利华想从事其他行业，当看到房地产行业巨大的利润，便毫不犹豫地选择了房地产行业。然而，这次的投资在金融风暴中成为泡影，也让他背上了巨债。

可是施利华并没有因此而感到消极，当他身无分文地从法院出来时，仍然信心勃勃，他告诉自己必须活下去，不能让挫折和困难打倒自己。就这样，施利华开始卖起了三明治。刚开始时，他的生意并不怎么好，一天只能卖几十个，但是他仍然坚持着。时间一长，施利华卖三明治的事被许多报纸刊登了出来，这些报纸大都认为施利华是个疯子，曾经的大老板卖三明治，但也有报纸说施利华会重新站起来，并且比以前更富有。事实正如这家报纸所说，也正是因为这些报导使得施利华看到商机，用自己的名字作为三明治的品牌。施利华三明治也在泰国的各个城市畅销了，也使得失败两年之后的施利华重新赢得了成功，他的公司也得到了“泰国十大杰出企业”的称号。

施利华的再次成功并不是因为某种运气在帮他，而是因为他具有不畏挫折与困难的精神。事实上，如果我们仔细地去想、去看、去问，就会发现，许多人得不到成功并不是因为技不如人，而是因为他们没有战胜困难的勇气。

爱默生说过：“伟大人物都有一个明显的标志，就是不论环境如何变化，他的目标仍然不会有丝毫的改变。"这句话要告诉我们的就是：一个人跌倒了并不算失败，那些跌倒后爬起来的人，都是把挫折与困难踩在脚下的巨人。他们的成功也是在这些挫折与困难中获取的。

美国百货大王梅西的成功也是一个很好的例子。在淘金时代，很多人都梦想着淘金。于是，梅西在加利福尼亚开了个小饭馆，供应淘金客膳食。本以为这是稳赚的买卖，谁知道那些淘金者一无所获，什么也买不起，于是他的小饭馆也随之关闭了。

由于梅西的努力，后来他赚了一些钱，但不久之后，几桩生意又让梅西彻底破产了。可是梅西并不死心，他又跑到新英格兰做布匹生意。这一回他时来运转，买卖做得灵活，最终梅西的商店成为世界上最大的百货商店之一。

是啊，梅西的成功是在无数次的失败中一点点成长起来的。也可以说他是经过多次与挫折的战斗，并且打败挫折才获得成功的。这也证明了，成功者往往都是遇到挫折而不退缩，跌倒了再爬起来的人，他们是真正的英雄。但是，有太多的人遇到挫折就无法前进，他们把失败看得太重，时刻都想着自己失败的旧伤口。然而，他们没有想到，如果他们不甘心永远失败，只要再一次站起来，成功也一样会随之而来。

所以，在挫折和困难面前，我们应该勇敢地去面对这些困难与挫折。要认识到这样一个道理：没有勇气继续奋斗的人、跌倒再也不能站起来的人，他们只能把自己的能力封锁起来，让自己一生都碌碌无为。而那些不畏惧困难与挫折的人、永不放弃人生目标的人，他们敢于与困难和挫折较劲，当他们把这些踩在脚底时，他们已经站在了成功的顶端。

启示语：

面对挫折最好的办法就是打倒它，让他永远在我们的脚下。挫折是对我们意志的一种考验，是我们能力提升的一个过程，也是引导我们走向成功的基石。

要有坚持不懈的心态

在许多年前，有个男孩脾气很坏，于是他的父亲就给了他一袋钉子，并且告诉他，每当他发脾气的时候就在后院的围篱上钉一颗钉子。

这个小男孩很不服气，但他还是照着父亲所说的做了。第一天，这个男孩钉下了37根钉子，第二天这个男孩钉下了35个钉子，第三天33根，第四天32根，就这样慢慢地每天钉的数量减少了。后来这个小男孩发现控制自己的脾气要比钉下那些钉子来得容易些。

就这样经过了很长的一段时间，这个小男孩终于不再失去耐性乱发脾气了，于是他把这件事告诉了父亲，父亲告诉他，从现在开始每当他能控制自己脾气的时候，就拔出一颗钉子。

就这样过了一段时间，当这个小男孩把最后一颗钉子拔出来的时候，他又告诉了父亲，他终于把所有的钉子都拔出来了。

这时父亲握着他的手说："孩子你做得很好，我的好孩子。你能做到这样，作为父亲我真的很高兴，坚持到现在真的不容易，我的好孩子。你知道吗？我为什么要让你每天钉这些钉子，我想你应该已经知道了。"

"我已经知道了，因为胜利是属于快乐的人，属于那些坚持不懈的人。你想让我拥有一种永不放弃的精神。"男孩子说道。

"是的，孩子。对于每一个人来说，人生应该是一次快乐的旅程。当你山穷水尽时，当你驻足观望时，当你灰心丧气时，请你记住：只要你相信生活是美好的，只要你有一个好的心态，只要你坚持不懈，成功就属于你。"

通过上面的这个小故事，我们看到，成功永远属于那些坚持不懈的人们。只要拥有了这种心态，那么成功也就离你不远了。

戏剧大师梅兰芳在刚学戏的时候，他的老师说他是"眼皮垂"，意思就是说，他的眼睛迎风流泪眼珠转动不灵活。“巧笑倩兮,美目盼兮”,唱旦角的眼睛不好,那还成吗?当时他的亲戚朋友为他担忧,他自己也常发愁。后来,他偶然发现观察飞翔的鸽子可以使眼珠变灵活,于是他每天一早起来就放鸽子高飞,盯着它们一直飞到天际、云头,并仔细地辨认哪只是别人的,哪只是自家的,就这样梅兰芳盯了好几年鸽子,练出了舞台上那一双神光四射、精气内涵的秀目。

《生活是美好的》一书的作者契诃夫在他的书中表达了这样的观点:生活是极不愉快的玩笑,不过要使它充满乐趣,要做好却也并不难。为了做到这点,光是中头彩赢20万卢布,得个勋章,娶个漂亮女人,还是不够——这些福分是无常的,而且也很容易失去。为了不断地感到幸福,那就需要:首先,要满足现状;其次,高兴地说:“事情原本可能更糟糕呢。”

这就告诉我们,因为态度的不同,同样的工作也会干出不一样的效果;而干同样工作的人,也会有不同的体验和收获。当你用对自己的一切行为负责的态度对待工作时,你才会认真对待工作中的每一个细节,才会自觉地投入精力,高质高量地去完成任务。

我在《世界上最伟大的推销员》一书中看到过这样的一个故事,说古希腊时,有两个人,为了比高低,打赌看谁走得离家最远,于是他们同时却不同方向骑着马出发了。

一个人走了13天之后,心想:“我还是停下来吧,因为我已经走得很远了,他肯定没我走得远。”于是,他停了下来,休息了几天,掉转马头返回家乡,重新开始他的农耕生活。

而另外一个人走了7年,却没有回来,人们都以为这个傻瓜为了这个没有必要的打赌而丢了性命。

有一天,一支浩浩荡荡的队伍向村里开来,村里的人不知发生了什么大事。当队伍临近时,村里有人惊喜地叫道:“那不是克尔威逊吗?”消失了7年的克尔威逊已经成了军中统帅。

他下马后,向村里人致意,然后说:“鲁尔呢?我要谢谢他,因为那个打赌让我有了今天。”然而,鲁尔羞愧地说:“祝贺你,好伙伴。我至今还是农夫!”

是的,暂时满足的心态只能使你次人一等。生活中有多少人都是这样成为次人一等者的。一个有生气、有计划、克服消极心态的人,一定会不辞劳苦,坚持不懈地向前迈进,他们从来不会想到“将就过”这样的话。

你遇见过那种喜欢说“假若……我已经……”的人吗？那些人总是喋喋不休地大谈特谈他以前错过什么云山雾雨的成功机会，或者正在“打算”将来干什么渺渺茫茫的事业。

失败者总是考虑他的那些“假若如何如何”，所以总是因故拖延，总是顺利不起来。总是谈论自己“可能已经办成什么事情”的人，不是进取者，也不是富翁，而只是空谈家。而实干家是这么说的：“假如说我的成功是在一夜之间得来的，那么，这一夜乃是无比漫长的历程。”

不要等待“时来运转”！这样你会由于等不到而觉得恼火和委屈，要从小事做起！要用行动争取胜利。

从现在起，不要再说自己“倒霉”了。只要专心致志去做好你现在所做的工作，坚持下去直到把事情做好，“机会”就会来到。怨天尤人不会改变你的命运，也不可能让你拥有财富，只会耽误你的光阴，使你没有时间去取得财富。如果你想要“赶上好时间、好地方”，就去找一项你能够拼上一拼的工作，然后努力去干。幸运不是偶然的，只要勤奋工作，就会创造大把的财富。

很多年轻人都相信机遇，认为人们的幸福与不幸都是由机遇造成的。事实上，每个人都有不止一次的机遇，每一天都是一个新的开始。我们的生命中充满了崭新的激动人心的机会，只是我们必须去寻找。等待机会找上门，就像站在球场里，把手伸向空中，等待棒球落到手中一样，是靠不住的。机会不会去追随你，而你应该去寻找机会。每天我们都能从电视、广播和报纸杂志上看到、听到和读到普通人在体育、音乐、文学、技术、医学、科学和艺术等领域成功的故事。但是，太多的人只相信那些才能是属于别人的，而不是自己的。可是却忘记了他们也是普通的平常人。每一个普通人都可以有不平常的表现，只要遇到合适的机会，不论是自己创造的机会还是自己抓住的机会。太多的时候，原本属于我们的机会却被别人夺走了。

有些人常常对他人说：“得过且过，过一把瘾吧！”“只要不饿肚子就行了浴”“只要不被撤职就够了！”这种青年无异于承认自己没有前途。他们已经脱离了世人的生活，至于“克服消极心态”那更是想也不敢想了。

打起精神来！它虽然未必能够使你立刻有所收获，或得到物质上的安慰，但也能够充实你的生活，使你获得无限的乐趣，这是千真万确的。

无论你做什么事，打不起精神来就不能克服消极心态。你必须全神贯注，竭尽所能地去做,必须每天都有显著的进步,因为我们每天从事的工作都可以训练和发展我们克服消极心态的能力。一个人如果能打定如此坚决的主意,那他的收获一定不仅够“填饱肚子”,还会对社会有所贡献。

那些克服消极心态的人所成就的大事,绝非仅仅是“填饱肚子”以及做事“得过月、过”的人所能完成的,只有那些意志坚定、不辞辛苦、十分热心的人才能完成这些事业。

美国哈佛大学教授弗格林斯在分析美国历史进程时指出:“其实,我们美国人之所以能够成功,很大程度上是我们竭尽全力、毫不惧怕挫败的结果,我们也曾经遭遇过挫败,但是挫败了从头再来,而我们坚韧的个性又增加了许多。”

在现实中,有很多人找工作碰壁两三次就放弃了,很多人创业失败两要三次也就放弃了,可知他们是因为什么不成功了吧!换个角度,如果他们能毫不懈怠地坚持下去,那么他离成功就不远了。

没有什么东西比坚忍不拔的意志更能让你走向成功。那些得到重用并且成为某一领域权威的人士,没有一个不是在坚持不懈中抓住成功的机会的。他们也许并没有出众的天赋,但是他们拥有坚忍不拔、坚持不懈的心态。

20 世纪初,美国亚利桑那州的一位男子,花费了很长的时间去寻找位于兹默斯小镇附近的银矿矿脉。

终于有一次,他在一座小山的侧向掘出了一个大约 200 米的坑道,没想到矿道里的银矿已经被别人挖掘一空。这位男子因此而放弃了整个计划,心力交瘁的他,不久就带着遗憾离开了人世。

10 年之后,一家矿山公司买下同样的地区,并且重新发掘了那个男子放弃的矿脉,没有想到的是,就在距离废弃坑道一米左右的地方,他们发现了从来未曾有过的丰富银矿。

成功与失败之间就只有那么短短的距离,一个人能否成功就在于能否坚持到最后。

歌德用激励的语言来描述坚忍不拔的意义:“不苟且地坚持下去,严厉地驱策自己继续下去,就是我们当中最渺小的人这样去做,也一定会达到目标,因为坚忍不拔是一种无声的力量,这种力量会随着时间而增长,是任何失败和挫折都无法阻挡的。”

坚持不懈是一种不达目的誓不罢休的精神,是一种对自己所从事的事业的坚强信念，也是高瞻远瞩的眼光和胸怀。它不是蛮干，不是赌徒的“孤注一掷”，而是通观全局和预测未来的明智抉择，它更是一种对人生充满希望的乐观态度。在山崩地裂的大地震中，不幸的人们被埋在废墟下。没有食物，没有水，没有亮光，连空气也那么少。一天，两天，三天……还有希望生存吗？有的人丧失了信心，他们很快虚弱了，不幸地死去。而有些人却不放弃生的希望，坚信外面的人们一定会找到自己，救自己出去。他们坚持着，哪怕是在最后一刻……结果，他们创造了生命的奇迹，他们从死神的手中赢得了胜利。

因此，当我们面对困难时，绝不要轻易放弃，只要我们再坚持一下，就能变困境为顺境，就能创造人生的奇迹，因为人生就是一个不断与失败较量的过程，只要我们在面对失败时，再坚持一下，成功就会属于我们。看看这句话：“水滴石穿”石硬水软。然而软水却穿透了硬石，这是为什么？因为坚持不懈。在每个人的人生旅途中，在每个人积极行动的过程中，一定会遇到许多问题和困难，只有坚持永不放弃的精神，不断自我鞭策，自我激励，才能战胜困难，战胜自我，走向成功。

启示语：

坚持不懈的心态，能使我们得到意想不到的结果，人生一世，每走一步，都必定会积累一些经验和碰到一些挫折尧逆境等，但是，你要意识到在这一过程中，经历是必修的课程，其中更包含着智慧的种子，而坚忍的信念能催其发芽并花开一片。在坚忍中最易捕捉灵性的闪现，迎接柳暗花明的大好局面。

再试一次

我在上小学的时候,我的老师常常这样问学生:“请问,你们大家知道怎样才能成功吗?”我们都争先恐后地回答说,好好学习……后来上了初中,老师又问了我们同样的问题,这时候,我们大家反过来问这位老师了,老师没有正面回答这个问题,而是找来一个花生,他把这个花生给了一个同学说:“用力捏捏它。”同学用力一捏,花生壳碎了,只留下花生仁。老师又说:“再搓搓它。”那个同学又照着做了,红色的皮被搓掉了,只留下白白的果实。这次老师又说:“再用手捏它。”同学又用力捏,却怎么也没法把它捏碎。最后老师叫那位同学“再用手搓搓它。”当然,这位同学什么也搓不下来。

这时候,我们这位老师开始回答我们的问题了,他说道:“有一颗坚强的、百折不挠的心,虽然屡遭挫折,却吃得消,这就是成功的秘密。”对于老师的这个回答,多少年了,我始终记忆犹新,到了现在我才真正地认识到这句话的内涵。老师说得很对,坚忍不拔是一种强大有力的品格,它几乎能克服任何挫折。它永远能使你居于比你更聪明或更有才华的人之上的优越地位,因为无论智力还是技巧都包含在其中了。成功通常不是一蹴而就的,而是多次努力的结果。

成功的人和不成功的人首要差别不在于天赋,而在于坚持力。如果我们的行动还没有达到自己预期的效果,永远都要这样问自己:“到目前为止,我做对了什么?”这样我们才有勇气再试一次。

如果我们能以切割石头的工人为榜样,坚持,坚持,再坚持,永不放弃地坚持下去,并能从每次的经验中汲取力量,最后的胜利必将属于我们。

另外,坚持的过程还是意志力与挫折较量的过程。只有意志力强的人才能坚持到底。一部热播的叫做《亮剑》的电视连续剧,在里面有一个团长叫李云龙,看过这部电视剧的人应该知道,李云龙是怎么样的一个团长,当时的八路军是怎么样的一支军队，大家从历史书上也应该有所了解，八路军在缺少军费、弹药的情况下，仍然坚持着保卫国家的神圣职责，这需要什么样的信念才能做到啊！在《亮剑》中李云龙带着自己的团队赢得了许多的胜利，取得了辉煌的战绩，获得过无数的荣誉。对于李云龙我最后给出这样的评价"他之所以伟大，在于他超常的冷静和钢铁般的意志。"

一个人如果有着坚强的意志力，就可以在危险时刻保持镇定自若，就不会在任何困难面前退缩，勇往直前是走向成功的唯一选择。

大概是几年前，那时《北京人才市场报》曾报道过这样一件事：一位毕业生到一家公司去面试，三天后，他得到了通知，说他没有被录取。这位毕业生由于承受不住这种打击，在绝望中想到了自杀。但是，接着他又得到了通知，说是没有被录取是由于计算机出了故障，他已经在录取人员范围了。也许是天意吧，不知道是什么时候他想自杀的这个念头让这家公司知道了。所以，正当他喜形于色地去这家公司报到时，他又接到了该公司的另一个通知，通知中说由于他不能理智地面对挫折，以后肯定不能胜任更加困难的工作，如果他以后在工作中遭受打击就要自杀，那么公司将要承担重大的责任，所以公司决定不录用像他这样的人。

现实当中，这样的人有很多，其实我们成功的机会就掌握在我们自己手中，然而在某些时候我们却因为承受不了挫折，而让机会从自己的指缝间溜走了。没有勇气接受挫折的挑战会导致失去本已积累起来的成功的筹码分量，而新的筹码我们又不曾拿到，怎么能走向成功的顶峰呢？

在很多书籍、案例当中，我们都能得到这样的一个结论，那就是没有一个公司愿意聘用意志力薄弱的人。对于这样的人，很多老板都会这样说："如果这个员工遇到一点困难就失去信心、失去理智，那么这样的人就是生活中的弱者。公司管理者聘用这样的员工无疑是给公司增加麻烦。所以，为公司的利益着想，这样的人公司是不会录用的。"

那么，我们准备做一个什么样的人呢？这就需要我们认识到：坚持的原则，才是生命中最亮的色彩。生命因为坚持更耐人寻味；人生也因为坚持，才能挺过风险；企业也因为坚持，才没有走向终结。

只要我们每天多一点努力，并付诸在行动上，我们就能够走向成功。而实际上，每天多一点努力并不难，例如公司要求员工提前上班，利用这点时间把一天的工作计划安排出来，这样你每天的工作就条理清楚；主动完成工作，不要等到要交工时才手忙脚乱地去完成；如果能迟一点下班，那就利用这一点时间把一天的工作总结一下，总结一天的工作计划完成情况，哪些需要改进，哪些需要重新安排……

所以说，我们只有坚持，才会让生命更有意义；只有坚持，我们才能将自己置于一种充满信心的境地。一个从来没有体验过坚持的人永远也不会有充实的世界，只有百折不挠坚持到底的心灵才能有面对内心、审视内心、观照自我的觉悟，才能经受精神的炼狱，达到更高的人生境界。也只有坚忍不拔，“再试一次”，我们才有可能达到成功的彼岸！

我以前去一家公司办事遇到了这样一件事，那天，一个年轻人去这家文化公司应聘，而该公司并没有刊登过招聘广告。见总经理疑惑不解，年轻人用很好的普通话解释说自己是碰巧路过这里，就贸然进来了。总经理感觉很新鲜，破例让他一试。面试的结果出人意料，年轻人表现糟糕。他对总经理的解释是事先没有准备，总经理以为他不过是找个托词下台阶，就随口应道：“等你准备好了再来试吧。”这引起了我的注意，所以后来我特别为此打了一个电话问了这个经理，经理给我的答案让我更吃惊。

这个经理说：“一周后，那个年轻人再次来到了我们公司，可这次他依然没有成功。但比起第一次，他的表现要好得多。我当时给他的回答仍然同上次一样：‘等你准备好了再来试。’我当时也只是随意说说，可是没想到的是，这个年轻人先后5次踏进了我们公司的大门，现在已经被我们公司录用，成了公司的重点培养对象。”

上面是一个很实际的例子，也许，我们的人生旅途上沼泽遍布，荆棘丛生；也许我们追求的风景总是山重水复，不见柳暗花明；也许，我们前行的步履总是沉重、蹒跚的；也许，我们需要在黑暗中摸索很长时间，才能找寻到光明；也许，我们虔诚的信念会被世俗的尘雾缠绕，而不能自由翱翔；也许，我们高贵的灵魂暂时在现实中找不到寄放的净土……那么，我们为什么不可以以勇敢者的气魄，坚定而自信地对自己说一声“再试一次！”也许再试一次的努力会让我们走向成功。

启示语：

不放弃，就会一直拥有成功的希望。想真正做成一件事，需要你有锲而不舍的精神，不管我们想在哪个领域做成什么事情，一旦你认准了目标，那就一定要坚持不懈地做下去。

不放弃、不抛弃

人生遇到了问题，特别是难以解决的问题，可能让每个人都烦恼万分。这时候，有一个基本原则可用，而且永远适用，这个原则非常简单要永远不放弃。

有一年高考作文题是一组漫画：一个人挖井找水，挖了几口井，都没挖到有水的深度就放弃了，而且有一口井只差几锹就可见水了，他没有坚持下去。其结果呢：没有找到水，只得悻悻离去。考生们根据漫画写作文，有的批评“浅尝辄止”的不良学风，有的讲“不讲科学，盲目打井”的教训，还有的检讨“见异思迁，三心二意”的毛病。其实这里还有个寓言可谈，就是“成功往往存在于再坚持一下的努力之中”。这个观点毛泽东就提出过，许多人都看过京剧《沙家浜》，郭建光带着18个伤病员坚持在芦苇荡中，他鼓励战友的一句台词，就是“胜利往往在于再坚持一下的努力之中！”

2003年9月，亚洲手球锦标赛暨奥运资格选拔赛在日本拉开战幕，首战1分险胜日本队后，中国女手面对第二个对手哈萨克斯坦队。因为只有4支队伍参赛，比赛采用单循环积分制，所以每场比赛都至关重要。而当时中国队进攻核心李兵手指严重挫伤，王旻不得不从边锋内迁为内锋以加强外线进攻火力。在外线毫无身高、经验优势可言的王旻虽无法像在熟悉的右边锋位置上那么游刃有余，但也显示出她不服输的个性。

比赛的下半场，王旻在一次防守中被撞倒在地，痛苦地躺在那里久久无法动弹。裁判示意用担架把她抬出场外进行检查。“当时她呼吸非常困难，”队医刘凯说，“根据她当时的症状和做挤压试验的结果，我感觉她的肋骨应该受到了严重挫伤。”在无法确诊伤情的情况下，刘凯建议王旻下场休息，“如果出现气胸、血胸，就会有生命危险了。”

王旻缺阵使中国队火力点又有所减弱。在等待救护车到来的时候，医疗队准备把王旻抬出赛场让她静静休息，但倔强的她强忍着胸口灼烧般的疼痛断断续续地说道："我不走，就算不能打，我也要看完比赛。"百般劝说都没用，心急如焚的刘凯也只能静静守在她身旁，让她半躺在担架上艰难地看完剩余比赛，19比17中国队2分险胜，王旻嘴角含笑，顺从地被医疗队抬上救护车直奔医院。

日本当地医院的诊断印证了刘凯的猜测——肋软骨严重挫伤，医院方面表示："伤者必须静卧修养一个月。"但当听说中国队只要在最后一场逼平韩国队就能出线时，躺在病床上的王旻强烈要求刘凯给她缠上厚厚的海绵和绷带，她要上场！

海绵和绷带让赛场上的王旻显得格外"魁梧"，60分钟的激战过后，中国队逼平韩国队如愿拿到奥运会参赛资格。喜悦的同时更艰苦的日子也刚刚开始，奥运备战进入全面倒计时，没有更多时间留给王旻，她在床上躺了不到一周便回到了训练场上。

王旻的成功，告诉我们坚持的价值。只要坚持，在没有路的时候，也能够踏出路来；在没有希望的地方也能够创造希望，无论如何，也不会被困难打倒。所以我们要坚持下去，永不放弃。

明人杨梦衮曾说："作之不止，可以胜天。止之不作，犹如画地。"这句话是什么意思呢？其实就是告诉世人坚持下去的道理：世上的事，只要不断努力去做，就能战胜一切，取得成功，但如果停下来不做，那就会和画饼充饥一样，永远达不到目的。

这是个浅显简单的道理，但我们在实际生活中，却常常忘了它。我们常常会有"为山九仞，功亏一篑"的遗憾。成功就距我们一步之遥，我们却在最后的关头放弃了努力，让胜利轻易地与我们擦肩而过，我们该是多么懊丧！

台湾企业家高清愿当初在经营台湾的统一超市时，连续亏损6年。但他并没有因此放弃，而是坚持走自己的路。终于在调整了营业方针，市民消费能力提高之后开始转亏为盈，如今他的企业稳居台湾商店业龙头地位。高清愿的故事告诉我们，往往是在最困难的时候，最需要"再坚持一下"，这是对一个人勇气和毅力的严峻考验。胆怯的人往往会退缩，而勇敢的人则会经受住考验，真是"山重水复疑无路，柳暗花明又一村"。而适时调整，等待时机，也是必不可少的。

要想成功，就要"作之不止"，绝不能半途而废。当然，方法、计划可以调整，但绝不要让失败的念头占据了上风。

如果原先使用的方法不能奏效,那就改用另一种方法来解决问题。如果新的方法仍然行不通,那么再换另外一种方法,直到我们找到解决问题的钥匙为止。开启任何问题的锁总有一把解决的钥匙,只要持续不断地、用心地循着正道去寻找,终会找到这把钥匙。

美国有一个名叫皮鲁克斯的人,就是成功地运用了这个原则。几年以前他研究出一种供活动房屋用的预制墙壁系统,他组建了一家公司,把他所有的钱都投进去。但是这种墙壁却不够坚固,一经移动就垮了,公司遭遇一连串的困难,他的合伙人要求他"卖掉公司",但是他不放弃。

他是有积极想法的人,具有牢不可破的信心,也可以说他有打不倒的性格,他认为这一类的困难打不垮他,他说:"我压根儿就没想到'放弃'这两个字。"因此,他用心做合理的、深入的思考,终于想出了解决办法。他决定设计出一套预制板系统,来配合他的预制墙壁系统。最后他终于成功了,一家制造活动房子的大公司买下了他的设计。他总结了这段人生经历,并且提出了这句了不起的话:"轻易放弃总嫌太早。"

由此可以看出,人生中,不管受到多么大的挫折和困难,都不要轻言"不"字。因为说"不"表示关上了人生追求的大门,"不"这个字指失败、垮台、延误。但是把英文"不"(no)倒过来拼,就有了新希望,因为倒过来拼就成了"继续"(on),就有了活力和行动。不松懈地"继续"追求人生的目标,直到问题解决。

在我们的生活中,每一件事似乎都充满了困难,充满了遗憾,充满了无力感,因此,成功学的大师们建议:当每一个问题出现的时候,若迎头加以处理,这样你就不会再充满挫败感和失望了;当每一项挑战升起来的时候,若奋起迎头处理,就会获得很多的成果,你必定会有所创造。

启示语：

放弃必然导致彻底的失败，而且不只是手头的问题没解决，还导致人格的最后失败，因为放弃会使人产生一种失败的心理。坚持着做不是手段而是信念，在你的成功之旅中，往往发挥着重要的作用，不轻言放弃就是你人生成功的第一步。坚持就是胜利。